Liebe Leserin, lieber Leser,

Hafer, Honig, Ingwer, Kartoffel, Kohl, Kurkuma, Öl, Salz, Zitrone, Zwiebel – das sind die Superstars im Bestseller „Heilen mit Lebensmitteln". Die Naturheilrezepte zur inneren oder äußeren Anwendung aus Zutaten, die jeder fast immer zu Hause hat, ersparen Ihnen bei einigen Beschwerden von Sodbrennen bis Ohrenschmerzen den Gang zur Apotheke oder zum Arzt. Und in den heutigen Zeiten schätzen wir es immer mehr, uns selbst helfen zu können.

Doch nicht nur in Sachen Gesundheit, sondern auch, was den Geschmack angeht, haben diese Lebensmittel einiges zu bieten. Ein guter Grund, nach dem großen Erfolg von „Heilen mit Lebensmitteln" ein Buch mit Genussrezepten zu entwickeln. Die Idee dahinter: gut essen und nebenbei Gesundheit tanken. Denn Kurkuma, Hafer, Ingwer & Co. spielen auch verwandelt zu Lebkuchen-Birnen-Porridge, Sushi-Bowl mit Brokkoli und Thunfisch oder Schweinemedaillons mit Spitzkohl-Kürbis-Salat ihre Health-Benefits aus.

Wir haben uns in den Rezepten auf die inneren Werte der Super-10 konzentriert, die Ihnen helfen, ernährungsbedingten Erkrankungen und Beschwerden vorzubeugen bzw. entgegenzuwirken. Bei den Gerichten finden Sie Buttons, die Ihnen schnell ihre Benefits zeigen: ob das Rezept Magen und Darm schont, Entzündungen im Körper bekämpft, Ihre Immunabwehr pusht oder einen träge gewordenen Darm auf Trab bringt. Ob es das Risiko für die Entstehung von Herz-Kreislauf-Erkrankungen mindert und/oder hilft, sich vor einer Insulinresistenz und Diabetes zu schützen. Sie finden Tipps für den gesunden Einkauf und für tolle Alternativen zu Fertigprodukten sowie Warenkunde zu Lebensmitteln, die die Top-10 optimal ergänzen.

Viel Spaß beim Kochen und Genießen!

HEILEN MIT LEBENSMITTELN

DAS KOCHBUCH

Die besten Rezepte
mit Hafer, Kartoffeln,
Kohl und Co.

Die Symbole bei den Rezepten

Diese Zeichen zeigen, auf welche Weise die Rezepte die Gesundheit fördern und welche für Sie besonders geeignet sind:

- Entzündungshemmend
- Stärkt das Immunsystem
- Verdauungsfördernd
- Gut für Magen und Darm
- Herzgesund
- Blutzuckerfreundlich

INHALTSVERZEICHNIS

ERNÄHRUNGS-BOOSTER FÜR MEHR GESUNDHEIT

Übergewicht, erhöhte Blutzucker-, Blutfett- und Blutdruckwerte sind Risikofaktoren, die Herz-Kreislauf- und andere schwere Erkrankungen nach sich ziehen können. Treten mindestens drei dieser Risikofaktoren gleichzeitig bei einem Menschen auf, leidet er am sogenannten Metabolischen Syndrom.

DAS METABOLISCHE SYNDROM

Dieses Krankheitsbild kommt doch bestimmt nicht so oft vor, wenn da gleich drei Faktoren auf einmal zusammentreffen müssen, werden Sie jetzt denken. Falsch gedacht. Bei etwa 30 Prozent der Bevölkerung in den Industrienationen ist das so. Und beileibe bekommen diese Diagnose nicht nur ältere Menschen vom Arzt gestellt. Auch immer mehr junge Leute sind zu dick, bekommen ihren Blutzuckerspiegel nicht in geregelte Bahnen, kämpfen mit zu hohen LDL-Cholesterinwerten und werden durch einen zu hohen Blutdruck ausgeknockt. Jedes einzelne Problem für sich ist schon schlimm genug, aber mit der Zeit führt dieser gefährliche Mix zu einer krankhaften Veränderung der Blutgefäße, Arteriosklerose genannt.

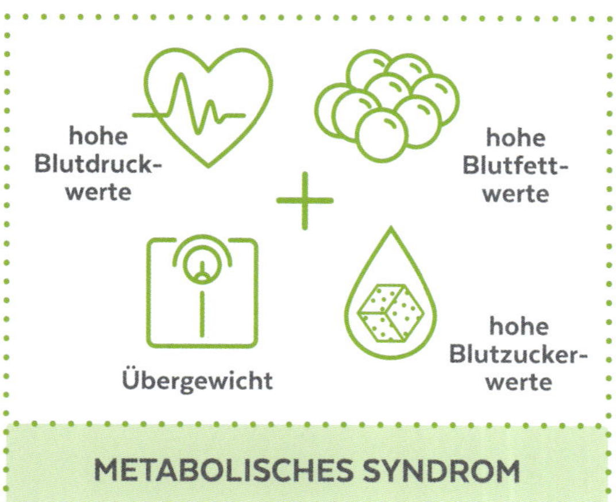

RISIKOFAKTOR ÜBERGEWICHT

Zu viele Kilos auf die Waage zu bringen, ist das eine, wie sich diese am Körper verteilen, ist aber noch viel entscheidender. Fettpolster an Hüften und Po stellen lange kein so großes gesundheitliches Risiko dar wie ein Reservedepot am Bauch. Wer als Frau einen Taillenumfang größer als 88 cm und als Mann einen Taillenumfang größer als 102 cm misst, der trägt den Risikofaktor Übergewicht auf den Rippen. Dieses sogenannte viszerale Fettgewebe produziert Hormone – bei starkem Übergewicht, in der Fachsprache auch Adipositas genannt, leider die falschen: Die den Zucker- und Fettstoffwechsel positiv beeinflussende Adipokin-Produktion geht zurück, dafür steigt die Leptin-Ausschüttung. Leptin ist eigentlich ein Sättigungshormon, das vermittelt: „Du hast genug, Essen einstellen!“ Wird es jedoch in Dauerschleife produziert, wird der Körper resistent gegen dieses Signal – die Folge: ein dauerhaftes Hungergefühl. Obendrein produziert das zu üppige Bauchfett Botenstoffe, die Entzündungen im Körper entfachen. Und diese wiederum erhöhen das Risiko, an einer Insulinresistenz oder Gefäßverkalkung zu erkranken. Das Immunsystem ist im Dauereinsatz, um diese Brandherde im Körper in Zaum zu halten. Harte Arbeit!
Sie sehen, alles greift irgendwie ineinander, und wer vom Metabolischen Syndrom betroffen ist,

der erleidet mit einer Wahrscheinlichkeit von 10 bis 20 Prozent innerhalb von zehn Jahren schwere Herz- und Blutgefäßschäden. Neben Arteriosklerose, Herzschwäche, Herzinfarkt oder Schlaganfall können auch noch Diabetes Typ 2 oder Nierenschäden die Folge dieser Mixtur aus Risikofaktoren sein.

DAS GUTE: ES IST DER LEBENSSTIL

Dieses Horrorszenario, das Sie gerade gelesen haben, beinhaltet auch eine positive Botschaft: Der Grund für die gesundheitlichen Beschwerden liegt im eigenen Lebensstil. Die Betroffenen können die Situation ändern, haben es also selbst in der Hand! Zählen Sie vielleicht auch zu dieser (Hoch-)Risikogruppe? Klar ist es gut, wenn Ihr Arzt Sie begleitet und regelmäßig Ihre Blutwerte checkt. Aber im Großen und Ganzen haben Sie sich ja auch selbst da rein manövriert. Jetzt heißt es eben, den Weg wieder zurückzugehen. Überlegen Sie, wie es dazu kam, dass Sie übermäßig an Gewicht zugelegt haben: Hatten Sie aufgrund eines stressigen Alltags keine Zeit zu kochen? Der Griff zum Fertigprodukt und zu Knabbereien war dann einfacher als der zu Messer und Topf? Sie waren in letzter Zeit oft traurig und haben sich mit Süßigkeiten getröstet? Vielleicht hatten Sie in Ihrem Kummer auch keine Lust mehr auf Sport. Oder durch all das ist auch noch Ihre Verdauung komplett aus den Fugen geraten – Verstopfung oder Durchfall, Bauch- oder Magenschmerzen plagen Sie in letzter Zeit immer häufiger? Wenn Sie die Gründe gefunden haben, dann setzen Sie genau da an. Meist ist dafür eine Ernährungsumstellung notwendig. Dazu starten Sie am besten mit festen Essenszeiten: Zwei bis drei Hauptmahlzeiten (Zwischenmahlzeiten möglichst weglassen) am Tag sind ideal. Diese Regelmäßigkeit hilft Ihrem Körper, sich wieder einzunorden.

KÖSTLICHE STARTHILFE: DIE REZEPTE IN DIESEM BUCH

Im Rezeptteil ab Seite 14 finden Sie Gerichte, die so bunt sind, wie das Leben sein sollte. Sie sind nicht alle Low Carb, Low Fat oder extrem kalorienarm. Vielmehr ist es eine ausgewogene Mischung, die Genuss und Gesundheit zugleich bedient. Denn in allen Rezepten stecken Mitglieder unserer zehn Superhelden (siehe Seite 6 ff.), die Sie im Kampf gegen besagte Risikofaktoren unterstützen. Sie alle wirken an unterschiedlichen Stellen, aber wer sich kreuz und quer durchs Buch isst, tut seinem Körper schon viel Gutes. Wenn die ersten Pfunde purzeln, werden sich auch bald die Blutwerte verbessern. Und dann kommt die Motivation, dranzubleiben. Irgendwann nutzen Sie die Rezepte aus diesem Buch oder eigene Superheldenkreationen nur noch, um sich Ihre Gesundheit zu erhalten.

Gut zu wissen

Bewegung unterstützt Ihr Vorhaben

Eine Ernährungsumstellung anzupacken ist top! Wenn Sie zusätzlich auch noch Bewegung einbauen, ist das doppelt spitze. Sie müssen keine sportlichen Höchstleistungen bringen, es gilt schon, wenn Sie sich im Alltag mehr bewegen. Eine kleine Erledigung mal mit dem Fahrrad oder zu Fuß bewerkstelligen statt mit dem Auto. Sich mit einer Freundin und deren Hund zum Spaziergang verabreden. Im Büro Treppen steigen statt Aufzug fahren … Jeder Schritt verbraucht Energie, die der Körper nicht als Reserve für schlechte Zeiten am Bauch einlagern kann.

DIE 10 SUPERHELDEN FÜR IHRE GESUNDHEIT

Was macht einen Superhelden aus? Er ist meistens unscheinbar, aber immer für einen da, wenn man ihn braucht. Das passt ganz gut zu unseren zehn gesunden Lebensmitteln. Die meisten davon würden Sie sicher nicht auf den ersten Blick als Super-Wow-Wundermittel bezeichnen, aber sie haben es in sich. Wer sie regelmäßig isst, leistet einen großen Beitrag, sein Immunsystem zu stärken, Entzündungen klein zu halten, Diabetes Typ 2 und Herz-Kreislauf-Erkrankungen vorzubeugen und seinen Darm in Schwung zu halten. Bei den Rezepten sind die Top-10 mit einem ✚ gekennzeichnet.

HAFER

Unscheinbarer als eine Haferflocke kann man fast nicht sein. Doch eine ihrer Superkräfte heißt Beta-Glucan, ein löslicher Ballaststoff, der zum einen lange satt macht und so mithilft, bei Bedarf Gewicht zu verlieren. Gleichzeitig steigert er die Insulinempfindlichkeit der Zellen. Das dimmt den Blutzuckeranstieg nach einer Mahlzeit und beugt der Entstehung von Diabetes vor. Noch nicht genug Superkraft? Phytoöstrogene im Hafer schützen Ihr Herz und Saponine machen das gesundheitsschädliche LDL-Cholesterin dingfest.

HONIG

Ganz klar: Honig enthält zu 80 Prozent Zucker und genau so sollte er auch dosiert werden – wie ein Gewürz. Wer zu Verstopfung neigt, dem kann der hohe Fruchtzuckergehalt des Honigs mit seiner leicht abführenden Wirkung helfen, den Darm wieder in Schwung zu bringen. Achten Sie beim Kauf auf die Bezeichnung „echter deutscher Honig“. Denn der deutsche Imkerbund duldet nur naturbelassenen Honig im Glas, der weder gefiltert noch erhitzt ist. Das flüssige Gold ist sehr hitzeempfindlich, lagern Sie ihn deshalb kühl (aber nicht im Kühlschrank), trocken und dunkel.

INGWER

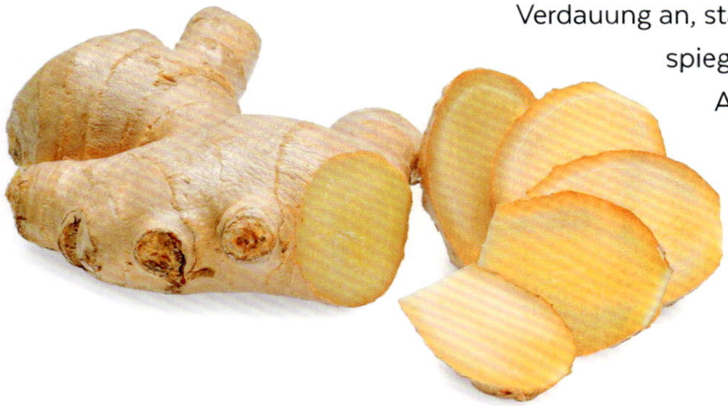

Was die Asiaten schon lange wissen, kommt auf unseren Tellern auch so langsam an: Ingwer wirkt entzündungshemmend, regt die Verdauung an, stärkt das Immunsystem, reguliert den Blutzuckerspiegel, kurbelt die Durchblutung an und hemmt den Appetit. Das Rhizom ist also eine Allzweckwaffe im Kampf gegen ernährungsmitbedingte Krankheiten. Kaufen Sie pralle Knollen, die gleichzeitig aromatisch und scharf schmecken. Je älter Ingwer ist, umso beißender kommt die Schärfe zum Tragen. Lagern Sie ihn einfach bei Zimmertemperatur, so hält er locker ein bis zwei Wochen.

KARTOFFELN

Dicke Dinger sind die Knollen nur, wenn sie zu Pommes oder Chips in jeder Menge Fett gebrutzelt werden. Wer sie kocht oder dämpft, hat einen leicht verdaulichen Magenfüller auf dem Teller, der das Verdauungssystem nicht belastet, dank der enthaltenen Antioxidantien vor Herzerkrankungen und Diabetes schützt und mit Vitamin C das Immunsystem stärkt.

KOHL

Nehmen Sie für Ihre Gesundheit doch mal wenig Geld in die Hand und investieren Sie es ins Low Budget Superfood Kohl: kleiner Einsatz, großer Gewinn! Egal ob Brokkoli, Wirsing, Weiß-, Rot- oder Rosenkohl, die ganze Kohlfamilie liefert Top-Werte in Sachen Ballaststoffe und Vitamin C. Doch auch die Liste der enthaltenen Mineralstoffe, Spurenelemente und sekundären Pflanzenstoffe, die sogar krebshemmend wirken sollen, ist lang. Immunsystem, Verdauung, Blutzuckerspiegel und Herz-Kreislauf-System profitieren alle vom regelmäßigen Kohlgenuss.

ZITRONE

Mit Vitamin C aus dem Saft und Flavonoiden, die die Schale so schön gelb färben, unterstützt die Zitrone das Immunsystem im Kampf gegen Viren und Bakterien. Und die enthaltenen Mineralstoffe Kalium und Magnesium halten Ihr Herz fit. Vitamin C im Essen macht übrigens das enthaltene Eisen für den Körper besser verfügbar – ein Spritzer über Fleisch oder Fisch hilft also einer guten Nährstoffversorgung auf die Sprünge. Wenn Sie die Schale der Zitrone verwenden wollen, sollten Sie zu Bio-Ware greifen und die Frucht aber trotzdem vor dem Abreiben noch mal mit heißem Wasser abspülen. Übrigens: Wie alle Zitrusfrüchte scheuen auch Zitronen die Kälte des Kühlschranks.

ÖL

Zeit für einen Fettwechsel! Streichen Sie Fette und Lebensmittel, die gesättigte Fettsäuren oder gehärtete Fette enthalten, möglichst von Ihrer Liste. Dazu zählen Fertigprodukte, Margarine, Butter und Frittierfett. Rücken Sie stattdessen pflanzliche Öle ins Rampenlicht: Rapsöl, Leinöl, Olivenöl und Nussöle versorgen Sie mit herzgesunden und entzündungshemmenden Omega-3-Fettsäuren. Bewahren Sie diese Öle nach dem Öffnen im Kühlschrank auf, da sie Licht, ständig hohe Temperaturen und Sauerstoff überhaupt nicht gut vertragen. Olivenöl und Rapsöl können Sie auch zum Kochen verwenden, sollten beide aber nicht so stark erhitzen, da sie sonst zu rauchen anfangen. Leinöl und Nussöle dagegen eignen sich nur zum Verfeinern von kalten Speisen.

SALZ

Die weißen Körnchen bestehen aus Natrium und Chlor – eine Verbindung, die für uns Menschen lebensnotwendig ist. Gerade Patienten mit Bluthochdruck werden immer wieder darauf hingewiesen, ihren Salzkonsum zu reduzieren. Wie in fast allen Bereichen macht auch hier die Menge das Gift. Wer moderat salzt, der unterstützt mit Natrium seine Herzfunktion und mit Chlorid seine Verdauung. Welche Sorte Salz Sie bevorzugen, entscheiden Sie einfach selbst. Feines Salz am besten in einer Variante ohne Rieselhilfen und Trennmittel aussuchen. Das sind künstliche Zusatzstoffe, die kein Mensch braucht.

KURKUMA

Die Gewürzpflanze finden Sie getrocknet und gemahlen im Gewürzregal jedes gut sortierten Supermarkts oder als frisches Rhizom in Bioläden oder Gärtnereien. Studien zeigen, dass Menschen, die regelmäßig Kurkuma verzehren, Entzündungen und vor allem Erkrankungen der Leber und des Darms vorbeugen können. Zudem soll die gelbe Knolle den Stoffwechsel anregen und beim Abnehmen helfen. Allein die leuchtende Farbe, die mit Kurkuma gewürzte Gerichte erhalten, sorgt schon für gute Laune. Und die macht ja auch gesund. Kurkuma ist fettlöslich, darum sollte immmer noch etwas Öl beigemischt sein.

ZWIEBELGEWÄCHSE

Nichts einfacher als das: Zwiebeln und Knoblauch in den Speiseplan einzubauen, ist easy peasy, denn sie fühlen sich fast in jedem Gericht wohl. In Ofengemüse, als Saucen- oder Suppenzutat, in Aufstrich oder Salat können sie ihren Joker Allicin gnadenlos ausspielen. Die Schwefelverbindung, die beim Zerkleinern von Zwiebel und Knoblauch aus dem sekundären Pflanzenstoff Alliin entsteht, hemmt Entzündungen, senkt den Blutdruck und schützt die Gefäße. Rohe Zwiebeln vertragen nicht alle Menschen gut, gedünstet werden sie wesentlich bekömmlicher und auch milder, ja fast süßlich im Geschmack.

GESUND EINKAUFEN UND KOCHEN

Zehn supergesunde Lebensmittel sind ja gut und schön. Aber mit denen allein kommt keiner über die Runden. Was gilt es denn sonst noch zu beachten, damit das Rundum-gesund-Paket stimmt – zum Beispiel beim Einkaufen und beim Zubereiten der Speisen?

Gut zu wissen

Zutatenlisten auf Lebensmittelverpackungen richtig lesen
Erste Regel: Was in der Zutatenliste an erster Stelle steht, ist auch die mengenmäßig am meisten enthaltene Zutat.

Zweite Regel: Hinter seltsam fremd klingenden Namen wie Isoglucose oder Natriummetabisulfit verbergen sich in der Regel Zucker oder künstliche Zusatzstoffe, wie Konservierungsstoffe, Geschmacksverstärker oder künstliche Aromen. Am besten die Finger davon lassen!

Schlau einkaufen

Einkaufen ist an sich ja schon immer ein Thema, das einen ziemlich stressen kann. Wenn man erst untertags überlegt, was man heute kochen möchte, ist der Gang zum Supermarkt ein alltäglicher Zeiträuber. Nach der Arbeit hetzt man hungrig in den Laden und packt zu den geplanten Einkäufen noch Dinge in den Wagen, die der knurrende Magen quasi magisch anzieht. Meistens Fertigprodukte, Knabber-Snacks und Süßigkeiten. Diesen Stress können Sie sich ganz einfach schenken! Erstellen Sie einmal die Woche einen Speiseplan für die nächsten sieben Tage und parallel dazu schreiben Sie eine Einkaufsliste. Damit schlagen Sie zwei Fliegen mit einer Klappe: Das Thema Nahrungsbeschaffung ist für den Rest der Woche abgehakt (Ausnahme: nur besonders leicht verderbliche Lebensmittel wie Fisch sollten Sie tagesaktuell besorgen). Und Sie kaufen keine ungesunden Dick- und Krankmacher, die eigentlich nur gegessen werden, weil sie auch zu Hause rumliegen. **Ganz wichtig:** Werfen Sie beim Einkaufen einen Blick auf die Zutatenliste der einzelnen Produkte. Maximal fünf Zutaten sollten draufstehen. Oder noch besser: Nehmen Sie nur die Nahrungsmittel mit, die gar keine Zutatenliste haben, weil sie nur aus einer Zutat bestehen, zum Beispiel Zitrone.

Mehr Fantasie in der Küche

Selbst kochen ist schon mal ein erster entscheidender Schritt hin zu einer gesunden Ernährung. Denn damit fallen die meisten Fertigprodukte, die gesundheitsschädliche Zutaten, wie künstliche Zusatzstoffe, Transfettsäuren, große Mengen Zucker, Süß- und Aromastoffe und/oder Geschmacksverstärker, enthalten, weg. Langweilig wird es trotzdem nicht: Gemüse in allen Farben, Obst, naturbelassene Milch- und Getreideprodukte, pflanzliche Öle, Fleisch, Eier, Fisch, Hülsenfrüchte, Nüsse, Samen, Gewürze und Kräuter bieten ein Portfolio, bei dem Sie aus dem Vollen schöpfen und Ihrer Fantasie freien Lauf lassen können. Oder Sie lassen sich von unseren Rezepten inspirieren.

Das macht Körper und Seele glücklich

Achten Sie bei Gemüse darauf, dass Sie es nicht zu Tode kochen oder braten, denn viele Vitamine sind extrem hitzeempfindlich. Gedünstet oder gedämpft bleiben Möhren und Co. knackig und Vitamine größtenteils erhalten. Auch das Garen in einem Römertopf oder Bratschlauch ist vitaminschonend. Einen ordentlichen Teil Obst und Gemüse sollten Sie deshalb auch roh verzehren, um bei den Vitaminen keine Einbußen zu haben – als Salat, als Topping fürs Müsli oder in einer Bowl. Öle sollten Sie ebenfalls nicht zu stark erhitzen. Wenn es in der Pfanne raucht, oxidiert das Fett und es entwickeln sich gesundheitsschädliche Stoffe. Wenn es die Seele braucht, und die ist ja für Gesundheit und Wohlbefinden nicht außer Acht zu lassen, darf ausnahmsweise auch mal was Frittiertes auf den Tisch, aber das sollte doch eher die Ausnahme als die Regel sein. Bringen Sie Abwechslung, verschiedene Konsistenzen, Geschmacksrichtungen und Farben auf den Teller – das macht Körper, Gaumen und Seele am allerglücklichsten!

Regional und saisonal einkaufen

Exotische Superfoods wie Goji-Beeren aus Tibet oder Moringa-Pulver aus Indien gehören unbedingt auf den Speiseplan, um gesund zu bleiben und alt zu werden? Lassen Sie sich da nichts von Werbung und Zeitschriften vormachen! Die besten Superfoods haben Sie direkt vor Ihrer Nase, denn auch die Natur in Ihrer Region bringt Lebensmittel hervor, die sich mit ihren Nährstoffgehalten nicht zu verstecken brauchen. Viele Kohlsorten, Beeren, Kräuter und Gewürze, die hier bei uns wachsen, sind antioxidantien- und vitaminreich und pushen Ihr Wohlbefinden mit sekundären Pflanzenstoffen, ohne dazu um den halben Erdball geflogen werden zu müssen. Wenn Sie also zu regionalen Lebensmitteln greifen, tun Sie gleich mehrfach Gutes: Sie schonen die Umwelt – und Ihren Geldbeutel, denn regionale und saisonale Lebensmittel sind in der Regel preisgünstiger. Und gerade weil diese Pflanzen auch am gleichen Ort leben wie wir, schenken sie uns auch in ihrer Saison genau die Nährstoffe, die wir dann verstärkt brauchen.

KLUG GETAUSCHT – SO WERTEN SIE IHR FASTFOOD AUF

Pommes, Pizza und Lasagne sind auf deutschen Tellern immer gern gesehen. Dazu kommen Convenienceprodukte, die uns den Küchenalltag erleichtern sollen oder einfach gut schmecken. Probieren Sie unsere Alternativen, die mindestens eine unserer Top-10-Zutaten enthalten. Sie werden sehen, gesünder ist richtig lecker!

POMMES FRITES

Die Knusperstäbchen bestehen zwar aus Kartoffeln, die ja zu unseren zehn Gesunden gehören, jedoch werden sie in hoch erhitztem Fett frittiert. Häufig sind diese Fette gehärtet und enthalten Transfettsäuren.

Fit-Tuner: Kartoffeln in Spalten schneiden, mit 2 bis 3 EL Oliven- oder Rapsöl marinieren, mit Salz und Paprikapulver, Kümmel oder getrockneten Kräutern (z.B. Rosmarin, Kräuter der Provence) würzen und im Ofen bei 220 °C backen, bis sie innen weich und außen knusprig sind.

PANIERTE SCHNITZEL

Die Bröselpanade liefert leider wenige Nährstoffe, nur jede Menge Energie aus dem Fett, das sie aus der Pfanne aufgesaugt hat.

Fit-Tuner: Die Hälfte der Brösel für die Panade durch Haferflocken ersetzen. Den Backofen auf 220 °C vorheizen. Die Schnitzel panieren und die Panade auf jeder Seite mit Öl bestreichen (etwa 1 EL pro Schnitzel). Die Schnitzel auf ein Backblech legen und im Ofen auf der mittleren Schiene 20 bis 25 Minuten backen, dabei nach etwa der Hälfte der Garzeit wenden.

Knuspermüsli

Die fertigen Mischungen enthalten oft viel Zucker, künstliche Aromen und gehärtete Fette.

Fit-Tuner: Flocken, Nüsse und Samen mit etwas geschmacksneutralem Öl und Honig mischen und im Ofen backen (siehe auch Granola-Rezept auf Seite 34). Wer keinen Zucker verwenden möchte, der zerdrückt eine Banane und mischt das Püree vor dem Backen unters Müsli.

INSTANT-GEMÜSEBRÜHE

Die meisten von uns greifen danach, um sich ein schnelles Süppchen anzurühren oder der Sauce noch den letzten Geschmackskick zu verleihen. Dieser Kick kommt allerdings von künstlichen Geschmacksverstärkern (z. B. Glutamat, Hefeextrakt), die uns mit der Geschmacksrichtung „umami" dazu verleiten, mehr zu essen, als wir eigentlich wollen.
Fit-Tuner: Für selbst gemachte Suppenwürze Suppengemüse nach Bedarf waschen, putzen, schälen, würfeln und in einem kräftigen Blitzhacker oder mit dem Fleischwolf fein pürieren. Dann etwa ein Drittel des Gemüsegewichts an Salz dazugeben. Die Paste nach Belieben mit Kurkuma würzen, in saubere Schraubgläser füllen und im Kühlschrank aufbewahren. Sie hält etwa ein Jahr. Teelöffelweise dosieren, denn die Paste ist sehr salzig.

FERTIGPIZZA

Hand aufs Herz: So richtig gut schmecken die italienischen Hefefladen aus der TK-Truhe doch gar nicht, oder? Ist halt eine Notlösung, wenn noch was Warmes in den Bauch soll und man keine Lust zum Kochen hat. Wir sagen: Analogkäse, nein danke!
Fit-Tuner: Große Kartoffeln gründlich waschen, nur bei Bedarf schälen und längs in etwa 1 cm dicke Scheiben schneiden. Im auf 200 °C vorgeheizten Backofen auf einem mit Backpapier belegten Backblech 10 bis 15 Minuten backen, bis sie weich sind. Dann mit Tomatensauce und den gewünschten Pizza-Zutaten belegen und im Ofen noch mal 15 Minuten überbacken. Schmeckt auch toll mit Süßkartoffeln.

LASAGNE

Der Genuss von klassischer Lasagne ist für Menschen, die auf ihren Blutzuckerspiegel und ihr Gewicht achten müssen, eigentlich immer mit schlechtem Gewissen verbunden.
Fit-Tuner: Ersetzen Sie die Nudelplatten doch durch blanchierte Kohlblätter. Weiß-, Rot- oder Spitzkohl sowie Wirsing sind perfekt geeignet. Sie nehmen der Lieblingsspeise die Schwere und halten den Blutzucker im Zaum. Ein passendes Rezept finden Sie auf Seite 108.
Oder ersetzen Sie die Hackfleischsauce durch einen bunten Gemüsemix der Saison. So können Sie einiges an Kalorien einsparen.

Limonade

Fertige Limonaden sind wahre Zuckerbomben, die den Blutzuckerspiegel in die Höhe treiben und nur „leere" Kalorien, dafür aber nullkommanull an Vitalstoffen liefern. Der Geschmack in der Limonade stammt in der Regel von künstlichen Aromastoffen, die nicht mal wissen, wie die Frucht aussieht, nach der sie schmecken.
Fit-Tuner: Selbst gemachte Limo enthält auch Zucker, aber Sie können das Mischungsverhältnis aus Sirup und Wasser selbst dosieren. Und: Der Geschmack des Sirups ist Natur pur. Diese Limo darf dann auch ab und zu sein! Gucken Sie schnell auf Seite 156 und lassen Sie sich von unserer Zitronen-Ingwer-Limonade erfrischen.

FRÜHSTÜCK

Ob Frühaufsteher oder Morgenmuffel, ob süßer oder herzhafter Typ: Hier ist garantiert für jeden das passende Gericht dabei, um voller Energie in den Tag zu starten. Sie haben morgens wenig Zeit? Dann mixen Sie sich einen der leckeren Smoothies.

SCHARFER PAPAYA-SMOOTHIE MIT KURKUMA

ZUTATEN FÜR 2 GLÄSER (À CA. 250 ML):

1 kleine Papaya (ca. 400 g)
2 cm Ingwer ✚
3 cm Kurkumawurzel ✚
1 kleine rote Chilischote
300 ml Kokoswasser
1–2 TL Agavendicksaft (nach Belieben)

Nährwerte pro Glas:
ca. 100 kcal, 1 g EW, 1 g F, 18 g KH

Zubereitungszeit: ca. 10 Min.

ZUBEREITUNG:

Die Papaya halbieren und entkernen, Hälften schälen und das Fruchtfleisch in Würfel schneiden. Ingwer und Kurkuma schälen und fein reiben. Chilischote längs halbieren, entkernen, waschen und in feine Würfel schneiden.

Papayawürfel, Ingwer, Kurkuma, Chiliwürfel, Kokoswasser und nach Belieben den Agavendicksaft in einem hohen Rührbecher mit dem Stabmixer oder im Küchenmixer fein pürieren. Den Smoothie in zwei Gläser gießen und sofort servieren.

BEEREN-BUTTERMILCH-SMOOTHIE

ZUTATEN FÜR 2 GLÄSER (À 250 ML):

150 g gemischte Beeren (tiefgekühlt)
½ Bio-Zitrone
2 EL zarte Haferflocken
250 g Buttermilch
2–4 TL flüssiger Honig
oder Ahornsirup (nach Belieben)

Nährwerte pro Glas:
ca. 110 kcal, 6 g EW, 2 g F, 17 g KH

Zubereitungszeit: ca. 10 Min.
Antauzeit: ca. 20 Min.

ZUBEREITUNG:

Die Beeren in einem hohen Rührbecher antauen lassen. Die Zitrone heiß waschen und trocken reiben. Die Schale fein abreiben und Saft auspressen. Beides zu den Beeren geben.

Haferflocken, Buttermilch und nach Belieben den Honig oder den Ahornsirup dazugeben und alles mit dem Stabmixer fein pürieren. Den Smoothie in zwei große Gläser gießen und servieren.

Ruckzuck gemacht

GUACAMOLE-SMOOTHIE

ZUTATEN FÜR 2 GLÄSER (À CA. 300 ML):

1 Avocado
2 Tomaten
½ Bund Koriandergrün
1 Knoblauchzehe ✚
2 cm Ingwer ✚
2 EL Limettensaft
2 EL Olivenöl ✚
300 ml kalte Gemüsebrühe
Salz • Pfeffer aus der Mühle
¼–½ TL Chiliflocken

Nährwerte pro Glas:
ca. 315 kcal, 5 g EW, 30 g F, 5 g KH

Zubereitungszeit: ca. 15 Min.

ZUBEREITUNG:

Avocado halbieren und den Stein entfernen. Hälften schälen und das Fruchtfleisch in Würfel schneiden. Tomaten waschen, halbieren und ebenfalls in Würfel schneiden, dabei die Stielansätze entfernen.

Koriander waschen, trocken schütteln und Blätter abzupfen. Knoblauch und Ingwer schälen und fein hacken.

Die vorbereiteten Zutaten, Limettensaft, Olivenöl und Brühe in einem hohen Rührbecher mit dem Stabmixer oder im Küchenmixer fein pürieren. Smoothie mit Salz, Pfeffer und Chiliflocken abschmecken, in zwei Gläser gießen und nach Belieben mit Chiliflocken bestreuen.

BANANEN-MANDEL-SMOOTHIE

ZUTATEN FÜR 2 GLÄSER (À CA. 250 ML):

2 Bananen
2 EL Mandelmus
4 EL zarte Haferflocken ✚
200 ml Milch

Nährwerte pro Glas:
ca. 375 kcal, 11 g EW, 14 g F, 46 g KH

Zubereitungszeit: ca. 5 Min.

ZUBEREITUNG:

Die Bananen schälen, in Stücke schneiden und zusammen mit Mandelmus, Haferflocken und Milch in einem hohen Rührbecher mit dem Stabmixer oder im Küchenmixer fein pürieren.

Den Smoothie in zwei Gläser gießen und sofort servieren.

ZIEGENKÄSEBROT MIT ZWIEBEL-CHUTNEY

ZUTATEN FÜR 2 PERSONEN:

FÜR DAS CHUTNEY:

2 Zwiebeln ✚
1 cm Ingwer ✚
½ TL Korianderkörner
1 TL Rapsöl ✚
2 EL Honig ✚
2 EL Aceto balsamico
Salz • Pfeffer aus der Mühle

FÜR DAS BROT:

2 dünne Scheiben Vollkornbrot (à 50 g) oder 100 g Ciabatta (in Scheiben)
75 g Ziegenfrischkäse
Pfeffer aus der Mühle

Nährwerte pro Portion:
ca. 255 kcal, 8 g EW, 8 g F, 34 g KH

Zubereitungszeit: ca. 25 Min.

ZUBEREITUNG:

Für das Chutney die Zwiebeln schälen und in Streifen schneiden. Den Ingwer schälen und fein reiben. Die Korianderkörner im Mörser anquetschen.

Das Öl in einem kleinen Topf erhitzen, Zwiebeln und Ingwer darin bei mittlerer Hitze etwa 5 Minuten andünsten. Korianderkörner und Honig dazugeben und 1 Minute mitdünsten.

Den Essig dazugeben und das Chutney noch weitere 10 bis 15 Minuten bei mittlerer Hitze köcheln lassen, dann mit Salz und Pfeffer würzen. Chutney lauwarm oder vollständig abkühlen lassen.

Für das Brot die Brotscheiben nach Belieben toasten und mit dem Ziegenfrischkäse bestreichen. Das Chutney darauf verteilen. Die Brote mit Pfeffer bestreut servieren.

Haltbarkeit

Falls Chutney übrig bleibt, hält es in einem Schraubglas im Kühlschrank noch mindestens eine Woche.

BROT MIT KARTOFFEL-TOMATEN-AUFSTRICH UND RUCOLA

ZUTATEN FÜR 2 PERSONEN:

1 vorwiegend festkochende Kartoffel (100 g) ✚
Salz
4 getrocknete Tomaten (in Öl)
1 Handvoll Rucola
50 g Ricotta
Pfeffer aus der Mühle
2 Stücke (Vollkorn-)Baguette (à ca. 50 g)

Nährwerte pro Stück:
ca. 255 kcal, 8 g EW, 5 g F, 29 g KH

Zubereitungszeit: ca. 15 Min.
Garzeit: ca. 30 Min.

ZUBEREITUNG:

Die Kartoffel mit der Schale gründlich waschen und in wenig Salzwasser 25 bis 30 Minuten weich garen. Die Kartoffel abgießen, ausdampfen lassen, möglichst heiß pellen und in einer Schüssel mit einer Gabel fein zerdrücken.

Die getrockneten Tomaten über der Kartoffel abtropfen lassen, dann in kleine Würfel schneiden und unter die Kartoffel rühren.

Den Rucola verlesen, waschen und trocken schütteln, grobe Stiele entfernen. Die Hälfte des Rucolas in feine Streifen schneiden.

Rucolastreifen und Ricotta unter die Kartoffel-Tomaten-Mischung heben und den Aufstrich mit Salz und Pfeffer würzen. Sollte er noch nicht cremig genug sein, noch etwas Tomatenöl unterrühren.

Die Baguettestücke quer halbieren, nach Belieben toasten, mit dem Kartoffel-Tomaten-Aufstrich bestreichen und mit dem restlichen Rucola garniert servieren.

PORRIDGE: GRUNDREZEPT

ZUTATEN FÜR 2 PERSONEN:

80 g zarte Haferflocken ✚
Salz
300 ml Milch oder Pflanzendrink
2 TL Zucker oder Honig
(nach Belieben)

Nährwerte pro Portion:
ca. 240 kcal, 11 g EW, 8 g F, 30 g KH

Zubereitungszeit: ca. 15 Min.

ZUBEREITUNG:

Haferflocken, 1 Prise Salz und Milch oder Pflanzendrink in einem Topf aufkochen und bei schwacher Hitze unter Rühren etwa 10 Minuten quellen lassen.

Das Porridge nach Belieben mit Zucker oder Honig süßen und auf zwei Schalen verteilen.

Flocken-Alternative

Sie können einen Teil der Haferflocken durch andere Getreideflocken ersetzen, wie beispielsweise Dinkel-, Gerste-, Reis- oder Mehrkornflocken.

KURKUMA-VANILLE-PORRIDGE

ZUTATEN FÜR 2 PERSONEN:

80 g zarte Haferflocken ✚
Salz • 1 TL gemahlene Kurkuma ✚
300 ml Milch oder Sojadrink
300 g gemischte Beeren
3 TL Ahornsirup (nach Belieben)
½ TL gemahlene Vanille

Nährwerte pro Portion:
ca. 320 kcal, 13 g EW, 9 g F, 45 g KH

Zubereitungszeit: ca. 15 Min.

ZUBEREITUNG:

Haferflocken, 1 Prise Salz, Kurkuma und Milch oder Sojadrink in einem Topf aufkochen und bei schwacher Hitze unter Rühren etwa 10 Minuten quellen lassen.

Inzwischen die Beeren verlesen, waschen, trocken tupfen und in einer Schüssel nach Belieben mit 1 TL Ahornsirup sowie der gemahlenen Vanille mischen.

Das Porridge nach Belieben mit dem restlichen Ahornsirup süßen, auf zwei Schalen verteilen und die Beeren darauf anrichten.

Grundrezept
mit Beeren

LEBKUCHEN-BIRNEN-PORRIDGE

ZUTATEN FÜR 2 PERSONEN:

- 80 g zarte Haferflocken ✚
- Salz
- 1 TL Lebkuchengewürz
- 300 ml Mandel- oder Haselnuss-drink
- 2 EL Mandeln
- 3 TL Honig (nach Belieben) ✚
- 2 Birnen

Nährwerte pro Portion:
ca. 325 kcal, 10 g EW, 13 g F, 40 g KH

Zubereitungszeit: ca. 15 Min.

ZUBEREITUNG:

Haferflocken, 1 Prise Salz, Lebkuchengewürz und Mandel- oder Haselnussdrink in einem Topf aufkochen und bei schwacher Hitze unter Rühren etwa 10 Minuten quellen lassen.

Inzwischen die Mandeln grob hacken und in einer Pfanne ohne Fett bei mittlerer Hitze unter Rühren anrösten, bis sie anfangen zu duften. Nach Belieben 1 TL Honig dazugeben und karamellisieren. Die Mandeln auf einem Teller abkühlen lassen.

Die Birnen waschen, vierteln, entkernen und in 1 cm große Würfel schneiden.

Das Porridge nach Belieben mit dem restlichen Honig süßen, auf zwei Schalen verteilen und die Birnenwürfel darauf anrichten. Porridge mit den Mandeln bestreuen.

KOKOS-PORRIDGE MIT EXOTISCHEM OBSTSALAT

ZUTATEN FÜR 2 PERSONEN:

80 g zarte Haferflocken ✚
Salz
300 ml Kokosdrink
2 EL Kokoschips
½ Bio-Limette
1 Orange
1 Baby-Ananas
3 TL Agavendicksaft (nach Belieben)

Nährwerte pro Portion:
ca. 305 kcal, 11 g EW, 7 g F, 48 g KH

Zubereitungszeit: ca. 15 Min.

ZUBEREITUNG:

Haferflocken, 1 Prise Salz und Kokosdrink in einem Topf aufkochen und bei schwacher Hitze unter Rühren etwa 10 Minuten quellen lassen.

Inzwischen die Kokoschips in einer Pfanne ohne Fett bei mittlerer Hitze unter Rühren goldgelb anrösten.

Die Limette heiß waschen, trocken reiben, die Schale fein abreiben und den Saft auspressen. Die Orange so großzügig schälen, dass auch die weiße Haut mit entfernt wird. Die Filets zwischen den einzelnen Trennhäuten herausschneiden, den austretenden Saft auffangen und den Rest der Orange gut ausdrücken. Die Orangenfilets in Stücke schneiden.

Die Ananas schälen, vierteln, den harten Strunk herausschneiden und das Fruchtfleisch in mundgerechte Stücke schneiden.

Orangen- und Ananasstücke in einer Schüssel mit Orangensaft, Limettenschale und -saft sowie nach Belieben 1 TL Agavendicksaft mischen.

Das Porridge nach Belieben mit dem restlichen Agavendicksaft süßen, auf zwei Schalen verteilen und den Obstsalat darauf anrichten. Porridge mit Kokoschips bestreut servieren.

Zum Mitnehmen

KAKAO-GRANOLA

ZUTATEN FÜR 1 VORRATSGLAS (CA. 400 G):

100 g gemischte Nusskerne (z. B. Walnusskerne, Haselnusskerne, Cashewkerne, Mandeln)
200 g kernige Haferflocken ✚
4 EL Hanfsamen (nach Belieben)
4 EL geschmacksneutrales Rapsöl ✚
4 EL Honig ✚
4 EL Kakao-Nibs (nach Belieben)
50 g getrocknete Cranberrys

Nährwerte pro Portion (25 g): ca. 160 kcal, 4 g EW, 9 g F, 13 g KH

Zubereitungszeit: ca. 10 Min.
Backzeit: ca. 20 Min.

ZUBEREITUNG:

Den Backofen auf 180 °C vorheizen und ein Backblech mit Backpapier belegen. Die Nüsse nach Belieben grob hacken.

Haferflocken, Nüsse, nach Belieben Hanfsamen, Öl und Honig in einer Schüssel gründlich mischen.

Die Mischung auf dem Backblech verteilen und im Ofen auf der mittleren Schiene etwa 20 Minuten backen, dabei nach der Hälfte der Backzeit einmal wenden.

Das fertige Granola auskühlen lassen, dann Kakao-Nibs und Cranberrys untermischen. Das Granola bleibt luftdicht verpackt in einer Vorratsdose etwa 4 Wochen knusprig.

Für Schokofans

Kakao-Nibs sind kleine Kakaobohnenstückchen. Wem sie zu bitter sind, der lässt sie einfach weg oder ersetzt sie nach Belieben durch 20 g gehackte Schokolade.

SCHNELLE HAFERBRÖTCHEN

ZUTATEN FÜR 4 STÜCK:

FÜR DIE BRÖTCHEN:

4 EL Rosinen (nach Belieben)
125 g Magerquark
2 EL Öl ✚
1 Ei (Größe S)
2 EL Rohrohrzucker
Salz
50 g Haferflocken ✚
90 g Dinkelmehl (Type 630)
½ Pck. Backpulver

AUSSERDEM:

Mehl zum Arbeiten
1 Eigelb und 3 EL Milch zum Bestreichen

Nährwerte pro Stück:
ca. 250 kcal, 11 g EW, 14 g F, 25 g KH

Zubereitungszeit: ca. 10 Min.
Backzeit: ca. 25 Min.

ZUBEREITUNG:

Backofen auf 200 °C vorheizen. Backblech mit Backpapier belegen. Rosinen, falls sie verwendet werden, in einer Tasse mit warmem Wasser einweichen.

Quark, Öl, Ei, Zucker und 1 Prise Salz glatt verrühren. Haferflocken mit Mehl und Backpulver mischen und mit den Knethaken des Handrührgeräts unter die Quark-Ei-Mischung kneten, bis ein glatter Teig entstanden ist. Rosinen abgießen und unter den Teig kneten.

Teig in 4 Portionen teilen und mit leicht bemehlten Händen Brötchen daraus formen. Auf das Blech setzen. Eigelb mit Milch verquirlen, Brötchen damit bepinseln und im Ofen auf der zweiten Schiene von unten 20 bis 25 Minuten goldbraun backen. Auf einem Kuchengitter abkühlen lassen. Sie schmecken lauwarm am besten.

Süßer Aufstrich

Dazu passt Beeren-Zitronen-Konfitüre: 300 g gemischte Beeren (gewaschen) mit abgeriebener Schale und Saft von ½ Bio-Zitrone und 300 g Gelierzucker (1:1) in einem Topf mischen und 1 Stunde ruhen lassen.

Pürieren, aufkochen und 5 bis 7 Minuten sprudelnd kochen lassen. Konfitüre in zwei sterilisierte Schraubgläser (à 400 ml) füllen, verschließen und 10 Minuten auf den Kopf stellen.

Gläser wieder umdrehen und Konfitüre vollständig auskühlen lassen.

AVOCADO-SKYR-CREME MIT OBSTSALAT

ZUTATEN FÜR 2 PERSONEN:

4 EL Mandelstifte
½ Bio-Zitrone ✚
1 Avocado
200 g Skyr
(isländischer Frischkäsequark)
2–3 TL Honig ✚
1 Pfirsich
200 g Cantaloup-Melone
1 Mango
½ TL gemahlener Kardamom

Nährwerte pro Portion:
ca. 525 kcal, 19 g EW, 31 g F, 32 g KH

Zubereitungszeit: ca. 20 Min.

ZUBEREITUNG:

Die Mandeln in einer Pfanne ohne Fett unter Rühren anrösten, bis sie anfangen zu duften. Auf einem Teller abkühlen lassen.

Die Zitrone heiß waschen, trocken reiben, die Schale fein abreiben und den Saft auspressen. Die Avocado halbieren und den Stein entfernen. Die Avocadohälften schälen und das Fruchtfleisch in Stücke schneiden.

Avocado, die Hälfte des Zitronensafts, Zitronenschale, Skyr und 2 TL Honig in einem hohen Rührbecher mit dem Stabmixer pürieren. Die Creme auf zwei Schalen verteilen.

Den Pfirsich waschen, vierteln, entsteinen und die Viertel quer in dünne Scheiben schneiden. Das Melonenstück entkernen, schälen und in kleine Stücke schneiden. Die Mango schälen, das Fruchtfleisch auf den flachen Seiten vom Stein und dann in dünne Scheiben schneiden.

Pfirsich, Melone, Mango, restlichen Zitronensaft, nach Belieben 1 TL Honig und Kardamom in einer Schüssel mischen. Den Obstsalat auf der Avocado-Skyr-Creme verteilen und mit Mandeln bestreut servieren.

TOP 6 KOHLENHYDRAT-LIEFERANTEN

Kohlenhydrate versorgen Sie mit Energie: Power für sportliche Aktivitäten, um konzentriert Aufgaben erledigen zu können und um den Alltag voller Elan zu meistern. Diese sechs Kohlenhydrat-Lieferanten ergänzen die zehn Gesunden perfekt, wenn Sie sich ausgewogen und vollwertig ernähren wollen.

VOLLKORNGETREIDE

Geschältes Getreide versorgt Sie ausschließlich mit Kohlenhydraten in Form von Stärke. Eigentlich schade, denn das volle Korn hat noch viel mehr zu bieten. In den Randschichten sitzen jede Menge Ballaststoffe, die Ihre Verdauung ankurbeln, Cholesterin binden und den Blutzuckerspiegel im Zaum halten. Genießen Sie als Beilage doch mal gegarte Dinkel- oder Weizenkörner, die Sie unter der Bezeichnung Dinkel-wie-Reis oder Zartweizen im Supermarkt finden.

Brot

Am besten kaufen Sie Ihr Brot in einer Bäckerei, die die Teige selbst ansetzt und ihnen genügend Zeit lässt, um auszureifen. Industriebroten werden oft Enzyme zugesetzt, die diesen Prozess beschleunigen. Das führt dann aber dazu, dass viele Menschen Weizenbrote nicht mehr gut vertragen, die durch eine lange Teigführung erst bekömmlich werden. Vollkornbrote sind Top-Ballaststofflieferanten.

VOLLKORNMEHL

Für Brötchen, Brote und Kuchen brauchen Sie Mehl. Das finden Sie von verschiedenen Getreidesorten im Backregal des Supermarkts. Je höher die Typenzahl, die auf der Packung angegeben ist, umso mehr Ballaststoffe, Vitamine, Mineralstoffe und Spurenelemente enthält das Mehl. Am meisten von all dem hat Vollkornmehl zu bieten. Ein Viertel des Mehlgewichts können Sie ohne Weiteres durch Vollkornmehl ersetzen, um die Teige nährstoffreicher zu pimpen.

Stärkehaltiges Gemüse

Sie müssen auf Ihren Blutzuckerspiegel achten? Dann sollten Sie so oft wie möglich zu stärkehaltigem Gemüse wie Kürbis, Möhren oder Süßkartoffeln greifen – und zwar in gekochter Form. Als Suppe, Püree, Ofengemüse oder Gemüsespaghetti servieren sie Kohlenhydrate und Ballaststoffe gleichzeitig. So schlägt der Blutzuckerspiegel keine Kapriolen und der Magen ist angenehm gefüllt. Jede Menge Vitamine, Mineralstoffe, Spurenelemente und sekundäre Pflanzenstoffe gibt's on top – und das bei verhältnismäßig wenig Kalorien.

REIS

Neben komplexen Kohlenhydraten enthält Reis auch noch wertvolles Eiweiß und wenig Fett sowie beachtliche Mengen der Mineralstoffe Eisen, Zink und Magnesium. Am meisten Nähr- und Ballaststoffe liefern Reissorten, bei denen das Silberhäutchen nicht abgeschliffen wurde, also Braun-, Natur- oder Wildreis. Eine gute Alternative ist noch Parboiled-Reis. Dafür werden die Nährstoffe aus dem Silberhäutchen durch ein spezielles Verfahren ins Reiskorn gepresst und versiegelt, bevor das Silberhäutchen entfernt wird. So können zumindest 80 Prozent der Vitamine, Mineralstoffe und Spurenelemente erhalten werden.

NUDELN

Prima ist natürlich Vollkorn-Pasta, weil sie direkt Ballaststoffe mitliefert. Wem der Geschmack und kernige Biss so gar nicht taugt, der kann sie zur Hälfte mit normalen Nudeln mischen. Oder die Hälfte der Nudelportion durch Gemüsespaghetti aus Zucchini oder Möhren ersetzen. Oder Sie lassen die gekochten Nudeln abkühlen (z. B. für Nudelsalat). So wird ein Teil der Stärke unverdaulich, gelangt als Ballaststoff in den Darm und tut dort Gutes. Selbst wenn Sie die Pasta wieder erhitzen, bleibt die sogenannte resistente Stärke erhalten.

LAUCH-KARTOFFEL-FRÜHSTÜCK MIT SPIEGELEI

ZUTATEN FÜR 2 PERSONEN:

400 g vorwiegend festkochende Kartoffeln ✚
1 dicke Stange Lauch
3 TL Rapsöl ✚
Salz • Pfeffer aus der Mühle
½ TL gemahlener Kümmel
2 Eier

Nährwerte pro Portion:
ca. 320 kcal, 14 g EW, 13 g F, 35 g KH

Zubereitungszeit: ca. 25 Min.

ZUBEREITUNG:

Die Kartoffeln schälen, waschen und in 1 cm große Würfel schneiden. Den Lauch putzen, längs halbieren, gründlich waschen und quer in 1 cm dicke Halbringe schneiden.

In einer Pfanne 2 TL Öl erhitzen und die Kartoffeln darin bei mittlerer bis starker Hitze etwa 15 Minuten rundum goldbraun braten, dabei immer wieder wenden. Dann den Lauch dazugeben und 5 Minuten mitbraten. Die Kartoffel-Lauch-Pfanne mit Salz, Pfeffer und Kümmel würzen.

Die Kartoffel-Lauch-Mischung an zwei Stellen in der Pfanne zur Seite schieben. Dort auf den Pfannenboden das restliche Öl geben und erhitzen. Die Eier aufschlagen, auf die freien Stellen in der Pfanne geben und zu Spiegeleiern braten. Diese mit Salz und Pfeffer würzen.

Die Kartoffel-Lauch-Pfanne mit den Spiegeleiern auf zwei Tellern anrichten.

Schnelle Resteküche

Sie haben noch Pellkartoffeln vom Vortag im Kühlschrank? Perfekt, dann geht es noch schneller. Die Kartoffeln pellen und würfeln. Zum Anbraten reichen dann etwa 5 Minuten.

Sattmacher

RÜHREI MIT RADIESCHEN-SALAT

ZUTATEN FÜR 2 PERSONEN:

1 Frühlingszwiebel ✚
100 g Radieschen
1 Kästchen Kresse
1 EL Leinöl ✚
1 EL Balsamico bianco
½ TL mittelscharfer Senf
Salz
Pfeffer aus der Mühle
4 Eier
2 EL Kräuterfrischkäse
2 EL Rapsöl ✚
2 EL Salatkernemix

Nährwerte pro Portion:
ca. 385 kcal, 18 g EW, 31 g F, 8 g KH

Zubereitungszeit: ca. 25 Min.

ZUBEREITUNG:

Die Frühlingszwiebel putzen, waschen und in feine Ringe schneiden. Radieschen putzen, waschen und in dünne Scheiben schneiden. Die Kresse vom Beet abschneiden, waschen und trocken tupfen.

Leinöl, Essig und Senf in einer Schüssel verquirlen und das Dressing mit Salz und Pfeffer würzen. Frühlingszwiebel, Radieschen und Kresse unterheben.

Die Eier in einen hohen Rührbecher aufschlagen. Kräuterfrischkäse, Salz und Pfeffer dazugeben und den Becherinhalt mit dem Schneebesen klümpchenfrei verquirlen.

Das Rapsöl in einer Pfanne erhitzen. Die Eiermischung in die Pfanne gießen und bei mittlerer Hitze stocken lassen. Dabei die Eier immer wieder mit einem Pfannenwender vom Rand zur Pfannenmitte schieben.

Den Salat mit Salz und Pfeffer abschmecken. Das Rührei zusammen mit dem Salat auf zwei Tellern anrichten und mit den Kernen bestreut servieren.

Aroma-Plus

Noch aromatischer schmeckt der Salatkernemix, wenn Sie ihn in einer Pfanne bei mittlerer Hitze unter Rühren anrösten, bis er anfängt zu duften.

SALATE, SUPPEN UND SNACKS

Wenn der kleine Hunger kommt, passen Salate und Suppen perfekt! Vor allem, wenn sie so raffiniert daherkommen wie hier. Das Motto lautet: je abwechslungsreicher, desto besser. So landet die geballte Ladung an gesunden Nährstoffen auf Ihrem Teller.

KOKOS-KARTOFFEL-SUPPE MIT GARNELENSPIESS

ZUTATEN FÜR 2 PERSONEN:

FÜR DIE SUPPE:

300 g vorwiegend festkochende Kartoffeln ✚
1 kleine Zwiebel ✚
2 cm Ingwer ✚
1 EL Rapsöl ✚
1 TL gemahlene Kurkuma ✚
400 ml Gemüsebrühe
200 ml Kokosmilch
Salz • Pfeffer aus der Mühle

FÜR DIE GARNELENSPIESSE:

10 Garnelen (TK; vorgegart und bis auf den Schwanzfächer geschält)
Salz • Pfeffer aus der Mühle
1 TL Currypulver
1 EL Rapsöl ✚
2 Holzspieße

Nährwerte pro Portion:
ca. 435 kcal, 19 g EW, 28 g F, 28 g KH

Zubereitungszeit: ca. 15 Min.
Garzeit: ca. 15 Min.

ZUBEREITUNG:

Für die Suppe die Kartoffeln schälen, waschen und in etwa 2 cm große Würfel schneiden. Zwiebel und Ingwer schälen und in feine Würfel schneiden.

Das Öl in einem Topf erhitzen und Kartoffeln, Zwiebel, Ingwer und Kurkuma darin 1 Minute anbraten. Die Brühe und die Kokosmilch dazugeben. Alles aufkochen und zugedeckt bei mittlerer Hitze 15 Minuten köcheln lassen.

Für die Garnelenspieße die Garnelen auftauen lassen und in einem Sieb abtropfen lassen, dann mit Küchenpapier trocken tupfen. In einer Schale mit Salz, Pfeffer, Currypulver und dem Öl mischen. Je 5 Garnelen auf einen Spieß stecken.

Eine Pfanne erhitzen und die Spieße darin ohne Fett bei starker Hitze auf jeder Seite 1 Minute anbraten.

Die Kokos-Kartoffel-Suppe mit dem Stabmixer fein pürieren, mit Salz und Pfeffer würzen und auf zwei Suppenschalen verteilen. Die Suppe mit den Garnelenspießen garniert servieren.

Kräuterpower

Für noch mehr Geschmack – und Urlaubsfeeling inklusive – hacken Koriander-Fans ein paar Blättchen Koriandergrün und streuen diese über die Suppe.

MINESTRONE

ZUTATEN FÜR 2 PERSONEN:

½ kleiner Kohlrabi ✚
1 kleine Zwiebel ✚
1 Knoblauchzehe ✚
1 kleine Fenchelknolle (mit Grün)
100 g Blumenkohl ✚
2 Tomaten
5 EL Olivenöl ✚
600 ml Gemüsebrühe
1 Dose weiße Bohnen
(250 g Abtropfgewicht)
Salz
Pfeffer aus der Mühle
30 g Kritharaki-Nudeln
½ TL Fenchelsamen
2 EL geriebener Parmesan

Nährwerte pro Portion:
ca. 500 kcal, 22 g EW, 28 g F, 39 g KH

Zubereitungszeit: ca. 25 Min.

ZUBEREITUNG:

Den Kohlrabi putzen, schälen und in etwa 1 cm große Würfel schneiden. Zwiebel und Knoblauch schälen und in feine Würfel schneiden. Fenchel putzen, waschen und halbieren. Den Strunk entfernen und das Fenchelgrün beiseitelegen. Die Fenchelhälften nochmals längs halbieren und quer in dünne Streifen schneiden. Den Blumenkohl putzen, waschen und in Röschen teilen. Tomaten waschen, halbieren und in kleine Würfel schneiden, dabei die Stielansätze entfernen.

In einem Topf 1 EL Olivenöl erhitzen und das vorbereitete Gemüse darin 2 Minuten anbraten. Die Brühe dazugeben, aufkochen und das Gemüse darin zugedeckt bei mittlerer Hitze 5 Minuten köcheln lassen.

Die Bohnen in einem Sieb abbrausen und abtropfen lassen. Fenchelgrün und restliches Olivenöl im Blitzhacker fein pürieren und das Fenchelöl mit Salz und Pfeffer würzen.

Die Nudeln in kochendem Salzwasser nach Packungsanweisung bissfest garen, in ein Sieb abgießen, mit den Bohnen in die Suppe geben und darin noch etwa 3 Minuten heiß werden lassen.

Die Fenchelsamen im Mörser anquetschen. Die Minestrone mit Salz, Pfeffer und Fenchelsamen abschmecken. Auf zwei Suppenschalen verteilen, mit dem Fenchelöl beträufeln und mit Parmesan bestreuen.

ASIA-GEWÜRZBRÜHE MIT INGWER-HACKBÄLLCHEN

ZUTATEN FÜR 2 PERSONEN:

½ Bund Koriandergrün
½ Zimtstange
1 Sternanis
1 getrocknete Chilischote
Salz
¼ Chinakohl ✚
150 g Shiitake-Pilze
100 g Zuckerschoten
2 cm Ingwer ✚
1 Knoblauchzehe ✚
200 g Rinderhackfleisch
Pfeffer aus der Mühle
2–3 EL Sojasauce

Nährwerte pro Portion:
ca. 325 kcal, 27 g EW, 16 g F, 11 g KH

Zubereitungszeit: ca. 20 Min.
Garzeit: ca. 25 Min.

ZUBEREITUNG:

Koriander waschen und trocken schütteln. Zimt, Anis und Chili in einem Topf ohne Fett anrösten, bis die Gewürze anfangen zu duften. 600 ml Wasser und die Hälfte des Korianders dazugeben, aufkochen und bei mittlerer Hitze offen etwa 20 Minuten köcheln lassen. Koriander und Gewürze mit einem Schaumlöffel aus dem Topf heben. Die Brühe mit Salz würzen.

Inzwischen den Chinakohl waschen und den Strunk entfernen. Die Kohlblätter quer in kleine Stücke oder dünne Streifen schneiden. Die Stiele der Shiitake-Pilze entfernen und die Kappen vierteln. Die Zuckerschoten putzen, waschen und schräg in Stücke oder 5 mm dünne Streifen schneiden.

Ingwer und Knoblauch schälen und beides durch die Knoblauchpresse zum Rinderhackfleisch in eine Schüssel pressen. Hackfleisch mit Salz und Pfeffer würzen und mit den Händen gründlich verkneten. Mit angefeuchteten Händen aus der Hackfleischmasse walnussgroße Bällchen formen.

Die Brühe erneut aufkochen. Kohl, Pilze, Zuckerschoten und Fleischbällchen dazugeben und in der Brühe zugedeckt bei schwacher Hitze 5 bis 7 Minuten garen.

Inzwischen vom restlichen Koriandergrün die Blätter abzupfen. Die Suppe mit Sojasauce würzen, auf zwei Suppenschalen verteilen und mit Korianderblättern bestreut servieren.

SUSHI-BOWL MIT BROKKOLI UND THUNFISCH

ZUTATEN FÜR 2 PERSONEN:

80 g Sushi-Reis
3 EL Reisessig
Salz
½ TL Zucker
300 g Brokkoli ✚
2 EL helle Sesamsamen
1 TL Honig (nach Belieben) ✚
2 EL Sojasauce
½ TL Wasabi
2 Thunfischsteaks (à 125 g)
1 EL Rapsöl ✚
Pfeffer aus der Mühle
2 EL Gari (eingelegter Ingwer) ✚

Nährwerte pro Portion:
ca. 600 kcal, 41 g EW, 30 g F, 39 g KH

Zubereitungszeit: ca. 35 Min.
Garzeit: ca. 35 Min.

ZUBEREITUNG:

Den Sushi-Reis in einer Schüssel mit kaltem Wasser bedecken und mit den Händen leicht kreisend 1 bis 2 Minuten waschen. Das Wasser abgießen und den Vorgang wiederholen, bis das Wasser klar bleibt.

Reis in ein Sieb abgießen und mit 120 ml Wasser in einem Topf aufkochen. Mit einem Küchentuch zudecken, den Topfdeckel daraufsetzen und bei schwacher Hitze 20 Minuten quellen lassen.

2 EL Essig erhitzen und mit je ½ TL Salz und Zucker verrühren. Die abgekühlte Marinade mit einem Holzlöffel unter den heißen Reis rühren. Reis mit einem feuchten Tuch zudecken und 10 bis 15 Minuten ziehen lassen.

Brokkoli putzen, waschen, in Röschen teilen und in Salzwasser etwa 4 Minuten bissfest garen. Sesam ohne Fett bei mittlerer Hitze unter Rühren goldbraun anrösten. Brokkoli abgießen und zugedeckt warm halten.

Restlichen Essig, Honig, Sojasauce und Wasabi verrühren. Thunfisch waschen und trocken tupfen. Im Öl bei starker Hitze auf jeder Seite etwa 1 Minute braten. Steaks mit Salz und Pfeffer würzen und zwischen zwei Tellern 2 Minuten ruhen lassen. Die Steaks gegen die Faser schräg in dünne Scheiben schneiden.

Reis auf zwei Schalen verteilen und mit angefeuchteten Händen zu einem Streifen formen. Brokkoli, Thunfisch und Gari daneben als Streifen anrichten, mit Wasabi-Sauce beträufeln, mit Sesam bestreuen und servieren.

Feine Alge

Sie haben Nori-Blätter zu Hause? Dann können Sie von einem Blatt einen 3 cm breiten Streifen abschneiden und diesen mit einer Schere quer in feine Streifen schneiden. Die Nori-Streifen über die Bowl streuen.

FELDSALAT MIT KNUSPERKARTOFFELN UND GEBRATENEN PILZEN

ZUTATEN FÜR 2 PERSONEN:

120 g Feldsalat
300 g vorwiegend festkochende Kartoffeln ✚
200 g Pfifferlinge
1 Frühlingszwiebel ✚
4 EL Rapsöl ✚
Salz
Pfeffer aus der Mühle
1 TL Ahornsirup (nach Belieben)
1 EL Aceto balsamico
½ TL mittelscharfer Senf
2 EL Kürbiskernöl ✚

Nährwerte pro Portion:
ca. 370 kcal, 6 g EW, 28 g F, 20 g KH

Zubereitungszeit: ca. 30 Min.

ZUBEREITUNG:

Backofen auf 80 °C vorheizen. Feldsalat verlesen, waschen und trocken schleudern. Kartoffeln schälen, waschen und in kleine Würfel schneiden. Die Pilze putzen und, falls nötig, trocken abreiben. Die Frühlingszwiebel putzen, waschen und in feine Ringe schneiden.

In einer Pfanne 2 EL Rapsöl erhitzen und die Kartoffelwürfel darin etwa 10 Minuten braten, bis sie gar und rundum goldbraun sind. Kartoffeln mit Salz würzen, auf Küchenpapier entfetten und im Ofen warm halten.

In der Pfanne 1 EL Rapsöl erhitzen und die Pfifferlinge mit den weißen Frühlingszwiebelringen darin bei starker Hitze braten, bis die Pilze keine Flüssigkeit mehr abgeben und beginnen zu bräunen. Pilze und Zwiebelringe ab und zu wenden. Mit Salz und Pfeffer würzen.

Inzwischen Ahornsirup, Essig, Senf, restliches Rapsöl und Kürbiskernöl in einer Tasse verquirlen und das Dressing mit Salz und Pfeffer würzen.

Feldsalat mit etwas Dressing mischen und mit Kartoffeln, Pilzen und Frühlingszwiebelgrün auf Tellern anrichten. Mit dem restlichen Dressing beträufeln und sofort servieren.

ROSENKOHLSALAT MIT TOMATENPESTO UND KARAMELLISIERTEM ZIEGENKÄSE

ZUTATEN FÜR 2 PERSONEN:

400 g Rosenkohl ✚
2 EL Walnusskerne
10 getrocknete Tomaten (in Öl)
1 Knoblauchzehe ✚
4 EL Olivenöl ✚
Salz
Pfeffer aus der Mühle
1 EL Aceto balsamico
2 große Ziegenkäsetaler (à 100 g; ersatzweise 4 kleine Taler à 50 g)
2 TL flüssiger Honig ✚
½ TL getrockneter Thymian

Nährwerte pro Portion:
ca. 720 kcal, 28 g EW, 53 g F, 18 g KH

Zubereitungszeit: ca. 20 Min.
Garzeit: ca. 40 Min.

ZUBEREITUNG:

Den Backofen auf 200 °C vorheizen. Den Rosenkohl putzen und die äußeren Blätter entfernen. Die Röschen waschen und halbieren.

Die Walnüsse in einer Pfanne ohne Fett bei mittlerer Hitze unter Rühren rösten, bis sie anfangen zu duften, dann auf einem Teller abkühlen lassen. Die Tomaten abtropfen lassen und in Stücke schneiden. Den Knoblauch schälen und grob hacken. Nüsse, Tomaten, Knoblauch, 3 EL Olivenöl, 2 EL Wasser, Salz und Pfeffer in einem hohen Rührbecher mit dem Stabmixer fein pürieren.

In einer Schüssel Rosenkohl und Pesto mischen. Den Rosenkohl auf einem Backblech verteilen und auf der mittleren Schiene im Ofen 25 bis 30 Minuten backen.

Den Rosenkohl aus dem Ofen holen, in einer Schüssel mit dem restlichen Olivenöl und dem Essig mischen und etwas abkühlen lassen.

Den Backofengrill einschalten. Ein Stück Backpapier aufs Blech oder in eine Auflaufform legen und die Ziegenkäsetaler daraufsetzen. Diese mit Honig beträufeln, mit Thymian bestreuen und unter dem Backofengrill 5 bis 10 Minuten grillen, bis der Honig karamellisiert.

Den Rosenkohlsalat noch mal mit Salz und Pfeffer abschmecken und mit den Ziegekäsetalern auf zwei Tellern anrichten.

KOHLRABI-CARPACCIO MIT SCHINKEN UND PETERSILIENÖL

ZUTATEN FÜR 2 PERSONEN:

2 EL Salatkernemix
1 kleiner Kohlrabi (ca. 200 g) ✚
Salz
4 Stiele Petersilie
2 EL Rapsöl ✚
Pfeffer aus der Mühle
50 g Lachsschinken (in dünnen Scheiben)
2 EL Kürbiskernöl ✚

Nährwerte pro Portion:
ca. 280 kcal, 11 g EW, 24 g F, 5 g KH

Zubereitungszeit: ca. 25 Min.

ZUBEREITUNG:

Den Salatkernemix in einer Pfanne ohne Fett bei mittlerer Hitze unter Rühren rösten, bis die Kerne anfangen zu duften, dann auf einem Teller abkühlen lassen. Den Kohlrabi putzen, schälen, halbieren und die Hälften quer in dünne Scheiben hobeln. Diese leicht salzen.

Die Petersilie waschen, trocken schütteln und die Blätter abzupfen. Petersilienblätter, Rapsöl, 2 EL Wasser, Salz und Pfeffer im Blitzhacker pürieren. Wenn das Öl zu fest ist, noch etwas Wasser dazugeben. Es soll sich gut über das Carpaccio träufeln lassen.

Die Kohlrabischeiben auf zwei großen Tellern dachziegelartig überlappend auslegen und mit dem Petersilienöl beträufeln. Den Schinken darauf verteilen. Das Carpaccio mit dem Kürbiskernöl beträufeln und mit dem Salatkernemix bestreuen. Dazu schmeckt kräftiges Bauernbrot.

Jeder, wie er mag

Statt Lachsschinken schmecken auf dem Carpaccio auch gekochter Schinken, Räucherlachs oder Käsespäne (z.B. Parmesan oder Bergkäse), Haselnüsse können die Salatkerne ersetzen.

TOP 6 AUS DEM REICH DER PFLANZEN

Unsere zehn Gesunden sind natürlich schon top, aber mit diesen sechs Natur-pur-Zutaten holen sie sich noch Verstärkung, um Ihnen noch mehr Geschmack, Genuss, Gesundheit und Farbenfreude auf dem Teller zu bieten.

KRÄUTER

Petersilie, Basilikum, Rosmarin oder Co. pimpen Ihre Gerichte noch mit extra Frische und Aroma. Dazu kommen ätherische Öle, sekundäre Pflanzenstoffe und Vitamine, die Ihr Wohlbefinden zusätzlich steigern. Wenn Sie also die Möglichkeit haben, an frische Kräuter zu kommen, nutzen Sie diese. Noch besser: Züchten Sie sich die grünen Aromaten auf dem Balkon oder im Garten. In der kalten Jahreszeit oder wenn kein Outdoor-Platz vorhanden ist, stellen Sie sich in Ihrer Küche ein paar Kräutertöpfchen auf.

Gewürze

Eines ist ganz klar: Gewürze sind keine Medikamente. Aber wer Krankheiten vorbeugen und gesund bleiben möchte, der unterstützt mit seinem Gewürzschrank nicht nur den guten Geschmack seines Essens, sondern auch dieses Vorhaben. Von Anis bis Zimt regen die verschiedenen Gewürze die Verdauung an, wirken entzündungshemmend und/oder machen gute Laune. Und eine Prise von all dem kann man doch immer gut gebrauchen.

BEEREN

Wer sich mit vollen Händen am Beerenstrauch bedient, der erntet das Rundum-Gesundheits-Paket: Vitamine, Mineral- und Ballaststoffe sowie Spurenelemente in rauen Mengen. Und Anthocyane, Pflanzenfarbstoffe, die Schmerzen und Entzündungen besser lindern sollen als synthetische Schmerzmittel aus der Apotheke. Die empfindlichen Früchtchen sollten Sie im Gemüsefach des Kühlschranks lagern und vor dem Verzehr nur vorsichtig abbrausen.

Avocado

Ihr grünes Fruchtfleisch ist buttrig-cremig und schmeckt leicht nussig, aber nicht aufdringlich. Deshalb passt die Beere sowohl in süße als auch herzhafte Gerichte. Ihre ungesättigten Fettsäuren senken den Cholesterinwert und machen die fettlöslichen Vitamine A und E für den Körper besser verfügbar. Kaufen Sie Früchte, die auf Druck mit den Fingern leicht nachgeben, dann haben sie den perfekten Reifegrad. Leider verbraucht der Anbau von Avocados sehr viel Trinkwasser und das vor allem in Ländern, in denen sowieso schon Wasserknappheit herrscht. Darum sollten Sie die Früchte nur ab und zu konsumieren.

NÜSSE UND KERNE

Fett, aber oho: Wer 20 g Nüsse täglich knabbert, soll das Risiko, an einer Herz-Kreislauf-Erkrankung, an Diabetes, Krebs und Infektionen zu erkranken, senken, so das Ergebnis mehrerer Studien. Klar enthalten die Powerpakete viel Fett, aber nur das beste: nämlich jede Menge Omega-3-Fettsäuren, die Entzündungen hemmen und die Gefäße sauber halten. Hasel- und Walnüsse sowie Mandeln, aber auch Kerne wie Cashew-, Sonnenblumen-, Pinien- oder Kürbiskerne sind ebenfalls ein idealer Snack, um Heißhungerattacken niederzukämpfen.

TOMATEN

Genauso vielfältig wie die Größen und Formen der einzelnen Sorten sind, ist die Tomate in der Küche einsetzbar. Sie schmeckt roh, gekocht oder gegrillt, als Sauce, in der Suppe oder als Salat. Unseren Körper versorgt das Fruchtgemüse mit immunstärkendem Vitamin C, herzgesundem Kalium und vor allem dem Carotinoid Lycopin. Dieser Pflanzenfarbstoff, der auch für die rote Farbe der Tomate verantwortlich ist, wirkt antioxidativ und schützt die Zellmembranen. Am besten wirkt er, wenn Sie die Tomate zusammen mit etwas Öl oder in gegarter Form essen.

WIRSING-FRITTATA MIT KRABBEN-TOPPING

ZUTATEN FÜR 2 PERSONEN:

¼ Wirsing (ca. 250 g) ✚
1 kleine Zwiebel ✚
4 Eier
50 g Sahne
Salz • Pfeffer aus der Mühle
2 EL Rapsöl ✚
200 g Nordseekrabben (vorgegart und geschält)
1 Kästchen Gartenkresse
1 TL Zitronensaft ✚
½ TL mittelscharfer Senf
Zucker (nach Belieben)

Nährwerte pro Portion:
ca. 455 kcal, 50 g EW, 37 g F, 10 g KH

Zubereitungszeit: ca. 30 Min.

ZUBEREITUNG:

Den Wirsing längs halbieren, waschen und quer in dünne Streifen schneiden. Die Zwiebel schälen und in feine Würfel schneiden.

Die Eier in einem hohen Rührbecher aufschlagen. Sahne, Salz und Pfeffer dazugeben und verquirlen.

In einer Pfanne 1 EL Öl erhitzen, Zwiebel und Wirsing darin bei mittlerer Hitze etwa 7 Minuten dünsten. Mit Salz und Pfeffer würzen.

Die Eier-Sahne-Mischung dazugießen und bei mittlerer Hitze zugedeckt etwa 10 Minuten stocken lassen, dabei nach 6 Minuten die Frittata vierteln, wenden und fertig garen.

Die Krabben in ein Sieb abgießen und abtropfen lassen. Die Kresse vom Beet schneiden, waschen und trocken tupfen. Restliches Öl, Zitronensaft, Senf und nach Belieben 1 Prise Zucker in einer Schüssel verrühren. Krabben und Kresse untermischen und das Topping mit Salz und Pfeffer würzen.

Die Frittata auf zwei Teller legen und mit der Krabben-Kresse-Mischung toppen. Nach Belieben würziges Bauernbrot dazu servieren.

ROTKOHL-CROSTINI

ZUTATEN FÜR 2 PERSONEN:

300 g Rotkohl ✚
Salz
1 TL Honig ✚
3 EL Olivenöl ✚
¼ TL getrockneter Rosmarin
2 große Scheiben ital. Landbrot
1 EL Aceto balsamico
50 g Feta (Schafskäse)

Nährwerte pro Portion:
ca. 450 kcal, 14 g EW, 23 g F, 45 g KH

Zubereitungszeit: ca. 15 Min.

ZUBEREITUNG:

Vom Rotkohl die äußeren Blätter und den harten Strunk entfernen. Die Blätter quer in feine Streifen schneiden. Kohl, ½ TL Salz, Honig, 1 EL Olivenöl und Rosmarin in einer Schüssel mischen und mit den Händen etwa 5 Minuten durchkneten, bis der Kohl weich und mürbe geworden ist.

Die Brotscheiben halbieren, in einer Pfanne ohne Fett bei mittlerer bis starker Hitze auf jeder Seite goldbraun und knusprig rösten, dann auf eine Platte legen.

Die Kohlmischung in die heiße Pfanne geben und bei mittlerer bis starker Hitze 5 Minuten anbraten, mit Essig ablöschen und noch 1 Minute weiterbraten. Den Rotkohl mit Salz abschmecken.

Den Feta mit einer Gabel zerkrümeln. Die Brote mit dem restlichen Olivenöl beträufeln. Den Rotkohl auf den Brotscheiben verteilen, den Feta darüberstreuen und die Crostini sofort servieren.

Warum kneten?

Das Kneten des Kohls ist wichtig – es bricht die Zellen auf, macht ihn weicher und sorgt so für ein feines Mundgefühl. Die Brote können Sie natürlich auch im Toaster rösten.

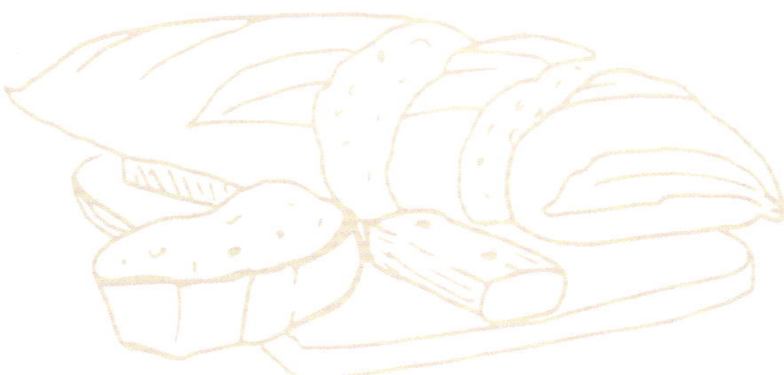

SAUERKRAUT-RAHMFLECK

ZUTATEN FÜR 2 PERSONEN:

300 g Brotbackmischung für Bauernbrot
50 g roher geräucherter Schinken
1 EL Rapsöl ✚
300 g frisches Sauerkraut ✚
1 TL ganzer Kümmel
200 g Schmand
2 Eier
Salz • Pfeffer aus der Mühle
Mehl für die Arbeitsfläche

Nährwerte pro Portion:
ca. 780 kcal, 29 g EW, 37 g F, 77 g KH

Zubereitungszeit: ca. 25 Min.
Ruhezeit: ca. 1 Std.
Backzeit: ca. 30 Min.

ZUBEREITUNG:

Aus der Brotbackmischung nach Packungsanweisung einen Teig kneten und etwa 1 Stunde ruhen lassen.

Den Schinken in kleine Würfel schneiden und in einer Pfanne im Öl knusprig anbraten. Sauerkraut dazugeben, 1 Minute mitbraten, dann zugedeckt bei schwacher Hitze etwa 10 Minuten dünsten. Kraut mit Kümmel würzen.

Schmand, Eier, Salz und Pfeffer in einer Schüssel verrühren. Den Backofen auf 220 °C vorheizen und ein Backblech mit Backpapier belegen.

Brotteig auf der leicht bemehlten Arbeitsfläche zu einem ovalen, etwa 5 mm dicken Fladen ausrollen, dabei einen etwas dickeren Rand formen. Auf das Blech legen und noch ruhen lassen, bis der Ofen vorgeheizt ist.

Die Sauerkraut-Schinken-Mischung auf dem Teig verteilen und den Schmandguss darübergießen, dabei den Rand frei lassen. Rahmfleck im Ofen auf der zweiten Schiene von unten 25 bis 30 Minuten backen, bis der Guss gestockt und der Teigrand leicht gebräunt ist. Den Sauerkraut-Rahmfleck in Stücke schneiden und sofort servieren.

Saisonware

Kaufen Sie möglichst frisches Sauerkraut, nur darin stecken noch viele Milchsäurebakterien, die Ihren Darm gesund halten.

ÜBERBACKENE AUBERGINENSCHEIBEN

ZUTATEN FÜR 2 PERSONEN:

1 Aubergine (etwa 20 cm lang)
Salz
2 Zwiebeln ✚
1 Knoblauchzehe ✚
4 Tomaten
3 EL Olivenöl ✚
Pfeffer aus der Mühle
1 EL Tomatenmark
1 TL getrockneter Oregano
1 Kugel Mozzarella (125 g)
12 Basilikumblätter
Crema di balsamico (nach Belieben)

Nährwerte pro Portion:
ca. 365 kcal, 18 g EW, 26 g F, 14 g KH

Zubereitungszeit: ca. 30 Min.
Backzeit: ca. 20 Min.

Es geht auch anders

Wer keine große ofenfeste Pfanne hat, der kann die Auberginenscheiben auch in eine Auflaufform oder auf ein mit Backpapier belegtes Backblech legen, mit der Tomatenmischung sowie Mozzarella toppen und im Ofen überbacken.

ZUBEREITUNG:

Aubergine putzen, waschen und quer in 12 Scheiben schneiden. Diese salzen und 10 Minuten ruhen lassen. Zwiebeln und Knoblauch schälen und in feine Würfel schneiden. Die Tomaten waschen, halbieren und in Würfel schneiden, dabei die Stielansätze entfernen.

Backofen auf 200 °C vorheizen. Die Auberginenscheiben mit Küchenpapier trocken tupfen und in einer großen ofenfesten Pfanne in 2 EL Olivenöl bei mittlerer bis starker Hitze anbraten, bis sie weich und gebräunt sind. Mit Pfeffer würzen und beiseitestellen.

In einem Topf restliches Olivenöl erhitzen, Zwiebeln und Knoblauch darin andünsten. Tomatenmark dazugeben und kurz mitbraten. Tomatenwürfel hinzufügen. Tomaten-Zwiebel-Mischung mit Salz, Pfeffer und Oregano würzen und 5 bis 10 Minuten weich köcheln lassen.

Mozzarella abtropfen lassen, in 6 Scheiben schneiden und diese nochmals halbieren. Basilikum waschen und trocken tupfen.

Tomaten-Zwiebel-Mischung mit Salz und Pfeffer abschmecken und als Häufchen auf die Auberginenscheiben setzen. Jede Scheibe mit 1 Mozzarellastück belegen und die Auberginenscheiben im Ofen auf der mittleren Schiene 15 bis 20 Minuten überbacken.

Die Auberginenscheiben auf zwei Tellern anrichten, nach Belieben mit Crema di balsamico besprenkeln und jede Auberginenscheibe mit 1 Basilikumblatt garnieren.

„Caprese"

WIRSING- UND KARTOFFELCHIPS

ZUTATEN FÜR 2 PERSONEN:

FÜR DIE WIRSINGCHIPS:

250 g Wirsingblätter ✚
¼ TL gemahlener Kardamom
1 EL Erdnussmus
2 EL Rapsöl ✚
1 Msp. Cayennepfeffer
Salz

FÜR DIE KARTOFFELCHIPS:

2 festkochende Kartoffeln (ca. 200 g) ✚
1½ EL Olivenöl ✚
¼ TL getrocknete Rosmarinnadeln
¼ TL Fleur de Sel

Nährwerte pro Portion:
ca. 295 kcal, 7 g EW, 21 g F, 19 g KH

Zubereitungszeit: ca. 15 Min.
Backzeit: ca. 1½ Std.

ZUBEREITUNG:

Für die Wirsingchips den Backofen auf 130 °C vorheizen und ein Backblech mit Backpapier belegen. Wirsing waschen, trocken schütteln und die harten Stiele entfernen. Blätter in nicht zu kleine Stücke zupfen, denn sie schrumpfen im Ofen. Die Stücke sollten alle ungefähr gleich groß sein.

Kardamom, Erdnussmus, Öl, Cayennepfeffer und etwas Salz in einer Schüssel glatt verrühren und die Kohlblätter darin mit den Händen wenden, bis sie vollständig und gleichmäßig mit der Marinade ummantelt sind.

Die Wirsingstücke so auf dem Backblech verteilen, dass sie nicht aufeinanderliegen. Im Ofen auf der mittleren Schiene 1 bis 1¼ Stunden backen, dabei immer wieder die Backofentür öffnen, um die Feuchtigkeit entweichen zu lassen. Die Chips sollten ganz trocken und nicht mehr labberig sein. Dann aus dem Ofen nehmen und vollständig auskühlen lassen.

Die Backofentemperatur auf 175 °C erhöhen. Die Kartoffeln mit der Schale waschen, in sehr dünne Scheiben hobeln und in einer Schüssel mit dem Olivenöl mischen. Kartoffelscheiben nebeneinander auf ein mit Backpapier belegtes Backblech legen und im Ofen auf der mittleren Schiene etwa 30 Minuten knusprig backen.

Die Rosmarinnadeln im Mörser zerreiben und mit dem Fleur de Sel mischen. Die Kartoffelchips in einer Schüssel mit der Rosmarin-Salz-Mischung mischen. Wirsing- und Kartoffelchips als Knabberei servieren.

COUSCOUSSALAT
MIT KURKUMA-MÖHREN UND FETA

ZUTATEN FÜR 2 PERSONEN:

60 g Couscous
½ TL gemahlener Kreuzkümmel
Salz
300 g Möhren
4 cm Kurkumawurzel ✚
3 EL Olivenöl ✚
2 EL Zitronensaft ✚
1 TL Honig ✚
Pfeffer aus der Mühle
½ Granatapfel
4 Stiele Petersilie
100 g Feta (Schafskäse)

Nährwerte pro Portion:
ca. 445 kcal, 15 g EW, 24 g F, 37 g KH

Zubereitungszeit: ca. 30 Min.

ZUBEREITUNG:

Couscous, Kreuzkümmel und 1 Msp. Salz in einer Schüssel mit der gleichen Menge kochendem Wasser übergießen und 5 Minuten zugedeckt quellen lassen. Den Couscous mit einer Gabel auflockern und auf zwei Schalen verteilen.

Die Möhren putzen, schälen und quer in dünne Scheiben schneiden. Kurkuma schälen und fein reiben. In einem Topf 1 EL Olivenöl erhitzen, Möhren und Kurkuma mit 3 EL Wasser darin zugedeckt bei mittlerer Hitze etwa 7 Minuten andünsten.

Restliches Olivenöl, Zitronensaft und Honig in einer Tasse verquirlen und das Dressing mit Salz und Pfeffer würzen.

Eine Schüssel mit Wasser füllen. Die Granatapfelhälfte ins Wasser tauchen und die Kerne herauslösen. So spritzt der Saft nicht. Die Kerne in ein Sieb abgießen und abtropfen lassen. Die Petersilie waschen und trocken schütteln, die Blätter abzupfen und fein hacken. Den Feta mit einer Gabel zerbröckeln.

Die Möhren mit Salz und Pfeffer würzen und mit den Granatapfelkernen und dem Feta unter den Couscous heben. Den Salat mit dem Dressing beträufeln und mit Petersilie bestreut servieren.

Zum Mitnehmen

ROHKOST-BOWL MIT GERÄUCHERTER FORELLE UND GLASNUDELN

ZUTATEN FÜR 2 PERSONEN:

50 g Glasnudeln
1 kleiner Kohlrabi ✚
1 Möhre
1 kleiner Apfel
1 EL Limettensaft
2 cm Ingwer ✚
½ Bund Koriandergrün
2 EL geröstetes Sesamöl ✚
4 EL Sojasauce
200 g geräucherte Forellenfilets
2 EL Wasabi-Nüsse (nach Belieben)

Nährwerte pro Portion:
ca. 445 kcal, 30 g EW, 17 g F, 39 g KH

Zubereitungszeit: ca. 20 Min.

ZUBEREITUNG:

Die Glasnudeln in eine Schüssel geben, mit kochendem Wasser übergießen und 5 Minuten ziehen lassen.

Inzwischen Kohlrabi und Möhre putzen und schälen. Den Apfel waschen, vierteln und entkernen. Alle drei Zutaten grob raspeln, in einer Schüssel mit dem Limettensaft beträufeln und gut mischen.

Den Ingwer schälen und fein reiben. Koriandergrün waschen und trocken schütteln, die Blätter abzupfen und grob hacken. Ingwer, zwei Drittel vom Koriander, das Sesamöl und 2 EL Sojasauce unter die Rohkostmischung heben.

Die Glasnudeln in ein Sieb abgießen, nach Belieben mit einer Schere kleiner schneiden, auf zwei Schalen verteilen und mit der restlichen Sojasauce mischen.

Die Forellenfilets in mundgerechte Stücke zupfen. Die Wasabi-Nüsse, falls sie verwendet werden, grob hacken.

Rohkostsalat und Forellenstücke dekorativ auf den Glasnudeln anrichten. Die Bowls mit dem restlichen Koriander und nach Belieben mit den Wasabi-Nüssen bestreut servieren.

Leichte Kost

ZWIEBEL-TARTE-TATIN MIT PARMASCHINKEN, RUCOLA UND PARMESAN

ZUTATEN FÜR 2 PERSONEN:

FÜR DEN TEIG:

90 g Mehl
50 g Butter
Salz

FÜR DEN BELAG:

2 Zwiebeln ✚
1 EL Olivenöl ✚
Salz · Pfeffer aus der Mühle
1 EL Honig ✚

AUSSERDEM:

Mehl zum Arbeiten
4 Tartelettförmchen (10 cm Durchmesser)
Olivenöl für die Förmchen
1 kleine Handvoll Rucola
20 g Parmesan (am Stück)
4 hauchdünne Scheiben Parmaschinken
Pfeffer aus der Mühle

Nährwerte pro Portion:
ca. 485 kcal, 13 g EW, 31 g F, 40 g KH

Zubereitungszeit: ca. 20 Min.
Kühlzeit: ca. 30 Min.
Backzeit: ca. 20 Min.

ZUBEREITUNG:

Für den Teig Mehl, Butter in kleinen Stücken, ¼ TL Salz und bei Bedarf 1 bis 2 EL kaltes Wasser mit den Knethaken des Handrührgeräts in einer Rührschüssel zu einem glatten Teig verkneten. Zu einer Kugel formen und 30 Minuten kühl stellen.

Backofen auf 200 °C vorheizen. Für den Belag die Zwiebeln schälen, halbieren und in dünne Spalten schneiden. Olivenöl in einer Pfanne erhitzen und die Zwiebeln darin bei mittlerer bis starker Hitze 5 Minuten anbraten. Mit Salz und Pfeffer würzen und mit dem Honig beträufeln.

Den Teig auf der bemehlten Arbeitsfläche dünn ausrollen, mit einem Förmchen vier Kreise ausstechen und diese mit einer Gabel mehrmals einstechen.

Die Tartelettförmchen mit Öl auspinseln. Zwiebelgemüse auf den Böden der Förmchen verteilen. Je einen Teigkreis darüberlegen und am Rand in die Form biegen. Tarteletts auf ein Backblech stellen und auf der mittleren Schiene im Ofen etwa 20 Minuten backen, bis der Teig goldbraun ist.

Rucola verlesen, waschen, trocken schütteln und grobe Stiele entfernen. Parmesan in Späne hobeln.

Zwiebel-Tarte-Tatin auf Teller stürzen, mit Rucola, Schinken und Parmesan belegen, mit Pfeffer übermahlen und servieren. Dazu schmeckt ein knackiger Blattsalat.

Für Gäste

HAUPTGERICHTE MIT FISCH UND FLEISCH

Alles andere als langweilig: Wir packen Fisch unter knusprige Hauben und in deftigen Auflauf, verpassen Hähnchen ein würziges Bad und wickeln Rinderhack in knackige Hüllen. Lassen Sie sich überraschen, wie lecker gesund schmecken kann!

MATJES IN GURKEN-RADIESCHEN-SCHMAND MIT PELLKARTOFFELN

ZUTATEN FÜR 2 PERSONEN:

300 g kleine neue Kartoffeln ✚
Salz
1 Bio-Minigurke
50 g Radieschen
2 Frühlingszwiebeln ✚
100 g Schmand
4 Matjesfilets
Pfeffer aus der Mühle
2 EL Milch (nach Belieben)

Nährwerte pro Portion:
ca. 730 kcal, 42 g EW, 50 g F, 27 g KH

Zubereitungszeit: ca. 15 Min.
Garzeit: ca. 20 Min.

ZUBEREITUNG:

Die Kartoffeln mit der Schale gründlich waschen und in Salzwasser etwa 20 Minuten weich garen.

Inzwischen die Gurke waschen, längs halbieren, mit einem Teelöffel die Kerne entfernen und das Fruchtfleisch quer in feine Scheiben schneiden. Die Radieschen putzen, waschen und ebenfalls in feine Scheiben schneiden.

Die Frühlingszwiebeln putzen, waschen und in dünne Ringe schneiden. 2 EL der dunkelgrünen Frühlingszwiebelringe beiseitestellen.

Gurke, Radieschen, Frühlingszwiebeln, Schmand und Matjesfilets in einer Schüssel mischen, mit Pfeffer würzen und ziehen lassen, bis die Kartoffeln gar sind. Sollte die Mischung nicht cremig genug sein, noch 2 EL Milch unterrühren.

Die Kartoffeln abgießen, ausdampfen lassen und möglichst heiß pellen. Den eingelegten Matjes noch mal mit Salz und Pfeffer abschmecken und mit den Kartoffeln auf zwei Tellern anrichten. Mit den beiseitegestellten Frühlingszwiebelringen bestreut servieren.

FISCHFRIKADELLEN MIT RAHM-SAUERKRAUT

ZUTATEN FÜR 2 PERSONEN:

½ Bund Petersilie
1 Zwiebel ✚
4 EL Rapsöl ✚
400 g Kabeljaufilet
1 Ei
6 EL Weißbrotbrösel
Salz
Pfeffer aus der Mühle
300 g frisches Sauerkraut ✚
50 g Sahne
1 TL süßer Senf
1 TL Honig ✚

Nährwerte pro Portion:
ca. 550 kcal, 42 g EW, 41 g F, 25 g KH

Zubereitungszeit: ca. 35 Min.

ZUBEREITUNG:

Die Petersilie waschen und trocken schütteln, die Blätter abzupfen und fein hacken. Die Zwiebel schälen und in feine Würfel schneiden. In einem kleinen Topf 1 EL Öl erhitzen und die Petersilie sowie die Hälfte der Zwiebel darin bei schwacher bis mittlerer Hitze andünsten.

Das Kabeljaufilet waschen, trocken tupfen, in 3 cm große Würfel schneiden und im Blitzhacker oder mit dem Fleischwolf zerkleinern. Fisch, Petersilien-Zwiebel-Mischung, Ei, Weißbrotbrösel, Salz und Pfeffer in einer Schüssel mit den Händen verkneten, bis eine geschmeidige Masse entstanden ist. Diese 10 Minuten ruhen lassen.

Inzwischen 1 EL Öl in einem Topf erhitzen und die restlichen Zwiebelwürfel darin andünsten. Das Sauerkraut dazugeben und zugedeckt bei schwacher bis mittlerer Hitze 10 Minuten garen. Dann Sahne, Senf und Honig dazugeben, das Kraut mit Salz und Pfeffer würzen und bis zum Servieren zugedeckt warm halten.

Aus der Fischmasse mit angefeuchteten Händen vier Frikadellen formen. Das restliche Öl in einer Pfanne erhitzen und die Frikadellen darin bei mittlerer bis starker Hitze auf jeder Seite etwa 4 Minuten goldbraun braten.

Fischfrikadellen und Rahmkraut auf zwei Tellern anrichten. Dazu passen auch noch gut Salzkartoffeln oder Kartoffelpüree.

ROSENKOHL-FISCH-AUFLAUF MIT KARTOFFELHAUBE

ZUTATEN FÜR 2 PERSONEN:

300 g Rosenkohl ✚
300 g vorwiegend festkochende Kartoffeln ✚
1 Zwiebel ✚
100 g roh geräucherter magerer Speck
2 EL Rapsöl ✚
150 ml Gemüsebrühe
150 g Sahne
1 TL süßer Senf
Salz
Pfeffer aus der Mühle
400 g Rotbarschfilet

Nährwerte pro Portion:
ca. 815 kcal, 54 g EW, 51 g F, 34 g KH

Zubereitungszeit: ca. 25 Min.
Backzeit: ca. 40 Min.

ZUBEREITUNG:

Den Rosenkohl putzen und die äußeren Blätter entfernen. Röschen waschen und in dünne Scheiben hobeln. Die Kartoffeln schälen, waschen und in dünne Scheiben hobeln. Die Zwiebel schälen und in feine Würfel schneiden. Speck in dünne Streifen schneiden.

Den Backofen auf 200 °C vorheizen. In einer Pfanne 1 EL Öl erhitzen und den Speck darin bei starker Hitze anbraten. Zwiebel und Rosenkohl dazugeben und bei mittlerer Hitze 2 Minuten mitbraten. Brühe und Sahne hinzufügen und das Gemüse offen 2 Minuten köcheln lassen, dann mit Senf, Salz und Pfeffer würzen.

Das Rotbarschfilet waschen, trocken tupfen und in zwei Stücke schneiden. Mit Salz und Pfeffer würzen. Mit dem restlichen Öl eine Auflaufform (etwa 15 × 25 cm) einfetten und den Fisch hineinlegen. Das Rosenkohlgemüse darauf verteilen und zuletzt die Kartoffelscheiben dachziegelartig überlappend auf das Gemüse legen, sodass der ganze Auflauf damit bedeckt ist.

Die Kartoffeln mit Salz und Pfeffer würzen, mit den Händen etwas in die Sauce drücken und den Auflauf im Ofen auf der mittleren Schiene 35 bis 40 Minuten backen, bis die Kartoffeln weich und leicht gebräunt sind. Den Auflauf auf zwei Tellern anrichten. Dazu passt ein knackiger Blattsalat.

LACHSFILET MIT GRILLTOMATEN

ZUTATEN FÜR 2 PERSONEN:

2 Lachsfilets (à 200 g; mit Haut)
1 EL Zitronensaft ✚
Salz • Pfeffer aus der Mühle
500 g Cocktailtomaten
(an den Rispen)
1 Knoblauchzehe ✚
½ TL getrockneter Rosmarin
½ TL Korianderkörner
4 EL Olivenöl ✚
4 EL Weißbrotbrösel

Nährwerte pro Portion:
ca. 570 kcal, 47 g EW, 31 g F, 22 g KH

Zubereitungszeit: ca. 25 Min.

ZUBEREITUNG:

Backofen auf 80 °C vorheizen. Lachs waschen, trocken tupfen, mit Zitronensaft beträufeln und mit Salz und Pfeffer würzen. Tomaten waschen und trocken reiben. Knoblauch schälen und in dünne Scheiben schneiden.

Rosmarin und Koriander im Mörser zerdrücken. Mit Knoblauch, 2 EL Olivenöl, Weißbrotbröseln, Salz und Pfeffer mischen. Bröselmix in einer Pfanne ohne Fett goldbraun anrösten. Auf einem Teller im Ofen warm halten.

Lachsfilets in einer (Grill-)Pfanne in 1 EL Olivenöl auf der Hautseite bei starker Hitze 2 Minuten anbraten. Wenden und je nach Dicke bei mittlerer Hitze 3 bis 6 Minuten weiterbraten, bis der Lachs gar ist. Den Lachs aus der Pfanne nehmen, ebenfalls im Ofen warm stellen und nachziehen lassen.

Die Tomaten im restlichen Olivenöl in der Pfanne bei starker Hitze braten, bis sie beginnen aufzuplatzen. Mit Salz und Pfeffer würzen. Lachs und Tomaten auf zwei Tellern anrichten. Lachs mit dem Bröselmix bestreuen.

Und was gibt's dazu?

Wer auf eine Kohlenhydratbeilage nicht verzichten möchte, der serviert zu Fisch und Tomaten im Ofen gebackene Kartoffelecken oder Nudeln. Letztere können Sie auch mit den Tomaten mischen, bevor Sie sie auf den Tellern anrichten.!

FORELLE IN DER SALZKRUSTE MIT ARTISCHOCKEN-SALAT UND AIOLI

ZUTATEN FÜR 2 PERSONEN:

FÜR DIE FORELLE:

- 1 große Forelle (ca. 800 g; siehe Tipp)
- 2 Knoblauchzehen ✚
- 4 Stiele Petersilie
- ½ Bio-Zitrone (in Scheiben) ✚
- 2 kg feines Meersalz ✚

FÜR DEN SALAT:

- 1 Glas Artischockenherzen (180 g Abtropfgewicht; abgetropft)
- 1 große Handvoll Rucola
- 2 EL Zitronensaft ✚
- 1 TL abgeriebene Bio-Zitronenschale ✚
- 1 TL flüssiger Honig ✚
- 3 EL Olivenöl ✚
- Salz · Pfeffer aus der Mühle
- ½ Bund Petersilie (fein gehackt)

FÜR DIE AIOLI:

- 1 Knoblauchzehe ✚
- 1 Eigelb (Größe M)
- 1 EL Zitronensaft ✚
- Salz · Pfeffer aus der Mühle
- 75 g Olivenöl ✚

Nährwerte pro Portion:
ca. 755 kcal, 33 g EW, 65 g F, 7 g KH

Zubereitungszeit: ca. 45 Min.
Backzeit: ca. 30 Min.

ZUBEREITUNG:

Für die Forelle Backofen auf 240 °C vorheizen. Backblech mit Backpapier belegen. Den Fisch innen und außen waschen und trocken tupfen. Knoblauch schälen und in dünne Scheiben schneiden. Die Petersilie waschen und trocken schütteln. Zitronenscheiben, Knoblauch und Petersilie in den Bauch der Forelle füllen.

Meersalz nach und nach mit Wasser zu einer formbaren Masse verrühren. Ein Drittel davon auf dem Blech zu einer Platte formen. Forelle darauflegen, mit dem restlichen Salz vollständig bedecken und dieses gut andrücken. Forelle im Ofen etwa 30 Minuten backen.

Für den Salat Artischocken vierteln. Rucola verlesen, waschen und trocken schütteln. Zitronensaft und -schale, Honig, Olivenöl, Salz und Pfeffer verquirlen, mit Artischocken, Rucola und Petersilie mischen.

Für die Aioli den Knoblauch durchpressen und mit Eigelb, Zitronensaft, Salz und Pfeffer mit den Quirlen des Handrührgeräts auf höchster Stufe cremig rühren. Erst tröpfchenweise, dann in dünnem Strahl das Olivenöl dazugeben. Weiterrühren, bis eine standfeste Mayonnaise entstanden ist. Mit Salz und Pfeffer abschmecken.

Fisch aus dem Ofen nehmen. Salzkruste aufbrechen und die Forelle filetieren. Forellenfilets, Salat und Aioli auf zwei Tellern anrichten. Dazu schmeckt Baguette.

Kleine Forellen?

Wenn Sie 2 kleine Forellen (à ca. 250 g) nehmen möchten, benötigen Sie etwa ½ kg mehr Meersalz. Die Garzeit ist gute 5 Minuten kürzer.

BACKFISCH MIT GURKEN-KARTOFFEL-SALAT UND SENF-DIP

ZUTATEN FÜR 2 PERSONEN:

FÜR DEN SALAT:

300 g vorwiegend festkochende Kartoffeln
Salz · 1 kleine Zwiebel
100 ml Gemüsebrühe
2 EL Weißweinessig
½ TL mittelscharfer Senf
Pfeffer aus der Mühle
1 Salatgurke · 2 EL Rapsöl

FÜR DEN FISCH:

400 g Kabeljaufilet
Salz · Pfeffer aus der Mühle
2 EL Mehl · 30 g Weißbrotbrösel
30 g zarte Haferflocken
1 Ei · Öl zum Braten

FÜR DEN DIP:

100 g Schmand
1 TL mittelscharfer Senf
½ TL Honig
Salz · Pfeffer aus der Mühle

Nährwerte pro Portion:
ca. 715 kcal, 46 g EW, 38 g F, 58 g KH

Zubereitungszeit: ca. 40 Min.
Garzeit: 25 Min. **Ziehzeit:** ca. 1 Std.

ZUBEREITUNG:

Für den Salat die Kartoffeln mit der Schale gründlich waschen und in Salzwasser weich garen. Kartoffeln abgießen, ausdampfen lassen und möglichst heiß pellen.

Zwiebel schälen und in feine Würfel schneiden. Brühe zum Kochen bringen und Zwiebel darin 2 Minuten köcheln lassen. Essig, Senf und Pfeffer dazugeben und die Zwiebel-Brühe-Mischung in eine Schüssel geben. Gurke schälen, längs halbieren und mit einem Teelöffel die Kerne entfernen. Gurke in feine Scheiben hobeln. Kartoffeln in dünne Scheiben schneiden, mit der Gurke in die Marinade geben und 1 Stunde ziehen lassen.

Für den Fisch das Kabeljaufilet waschen, trocken tupfen, halbieren und mit Salz und Pfeffer würzen. Das Mehl auf einen flachen Teller geben. Brösel und Haferflocken auf einem zweiten flachen Teller mischen. Ei in einem tiefen Teller verquirlen. Fisch im Mehl wenden und überschüssiges Mehl abklopfen. Durch das verquirlte Ei ziehen und zuletzt in der Brösel-Haferflocken-Mischung wenden.

Für den Dip Schmand, Senf und Honig in einer Schale verrühren und mit Salz und Pfeffer würzen. Panierten Fisch in Öl bei mittlerer bis starker Hitze auf jeder Seite etwa 3 Minuten braten, bis die Panade goldbraun ist.

Das Öl unter den Kartoffel-Gurken-Salat mischen und diesen mit Salz und Pfeffer abschmecken. Mit Backfisch und Dip anrichten.

Knusper-Panade

PASTA MIT HÄHNCHEN UND ZITRONEN-BASILIKUM-SAUCE

ZUTATEN FÜR 2 PERSONEN:

250 g Vollkorn-Penne
Salz
½ Bio-Zitrone ✚
½ Töpfchen Basilikum
150 g Sahne
Pfeffer aus der Mühle
250 g Hähnchenbrustfilet
1 EL Olivenöl ✚
100 ml trockener Weißwein
20 g Parmesan (am Stück)

Nährwerte pro Portion:
ca. 885 kcal, 51 g EW, 33 g F, 92 g KH

Zubereitungszeit: ca. 25 Min.

ZUBEREITUNG:

Die Penne in reichlich kochendem Salzwasser nach Packungsanweisung bissfest garen.

Zitrone heiß waschen, trocken reiben, die Schale fein abreiben und 1 EL Saft auspressen. Basilikumblätter von den Stielen zupfen, waschen, trocken schütteln und 4 Basilikumblätter beiseitelegen. Restliche Blätter mit Zitronenschale und -saft, Sahne, Salz und Pfeffer mit dem Stabmixer fein pürieren.

Das Hähnchenbrustfilet trocken tupfen und in mundgerechte Stücke schneiden. Das Olivenöl in einer Pfanne erhitzen und die Hähnchenstücke darin bei mittlerer Hitze 2 Minuten anbraten. Mit dem Wein ablöschen und diesen um die Hälfte einkochen lassen. Die Basilikumsahne dazugeben und aufkochen.

Vom Nudelkochwasser 2 bis 3 Schöpfkellen abnehmen. Nudeln in ein Sieb abgießen und zur Hähnchen-Basilikum-Sauce in die Pfanne geben. Die Pasta in der Sauce etwa 3 Minuten ziehen lassen, bis sie sich gut mit der Sauce verbunden hat. Falls die Mischung zu trocken ist, nach und nach etwas Nudelkochwasser dazugeben, bis die Sauce die Nudeln sämig umgibt.

Den Parmesan mit dem Sparschäler in Späne hobeln. Die Pasta nochmals mit Salz und Pfeffer abschmecken und auf zwei Pastateller verteilen. Mit Parmesan bestreut und mit den Basilikumblättern garniert servieren.

TOP 6 EIWEISSQUELLEN

Eiweiße, auch Proteine genannt, sind die Grundlage des Lebens. Hormone, Körperzellen und Enzyme – sie alle bestehen aus Aminosäuren, den kleinen Eiweißbausteinen, die in ihrer Gesamtheit das große Ganze, den Menschen mit all seinen Funktionen, im wahrsten Sinne des Wortes auf die Beine stellen.

SAUERMILCHPRODUKTE

Mit Quark, Joghurt, Skyr, Schmand und Buttermilch auf dem Teller oder im Glas schlagen Sie gleich mehrere Fliegen mit einer Klappe. Sie geben Ihrem Körper Nachschub an wertvollen Proteinen, die er tagtäglich braucht, um die Körperzellen zu erneuern. Ihre Knochen und Zähne stärken sich mit Kalzium und Ihr Verdauungssystem freut sich über die Milchsäurebakterien, die im Darm für ein gesundes Ökosystem sorgen.

Eier

Lange Zeit waren sie das Schreckgespenst in deutschen Kühlschränken. Mit dem Vermerk „Cholesterinbombe“ abgestempelt mied man das Hühnerei wie der Teufel das Weihwasser. Zu Unrecht! Denn seine cholesterinsteigernde Wirkung ist überhaupt nicht so dramatisch, wie früher angenommen. Wenn man den Verzehr nicht übertreibt, ist also alles im grünen Bereich. Und dafür gibt es auch noch eine Portion der Vitamine A, D, E und K, B-Vitamine sowie Kalzium und Eisen obendrauf.

FISCH

Fetter Seefisch wie Lachs, Hering und Makrele punktet mit sehr hochwertigem, leicht verdaulichem Eiweiß und beachtlichen Mengen an Omega-3-Fettsäuren, die vor Herz-Kreislauf-Erkrankungen schützen und Entzündungen hemmen. Achten Sie beim Kauf auf gute Qualität, auch bei mageren Eiweißlieferanten wie Kabeljau oder Rotbarsch. Idealerweise wurden die Tiere nachhaltig gefangen oder stammen aus zertifizierten Aquakulturen (ASC-, MSC- oder Bio-Siegel).

KÄSE

Neben hochwertigem Eiweiß kommen mit dem Käse auch knochenstärkendes Kalzium, Magnesium, Phosphor, Zink, Jod sowie das volle Spektrum der fettlöslichen Vitamine A, D, E und K und auch das essenzielle Vitamin B_{12} aufs Brot, in den Auflauf oder den Salat. Manche Käsesorten enthalten viel Fett, darunter leider eher die Vertreter der gesättigten Fettsäuren. Andererseits ergibt es auch keinen Sinn, zu mageren Käsesorten zu greifen, der einem gar nicht schmeckt, dann nehmen Sie lieber einfach weniger von der cremigen bzw. fettreicheren Sorte.

Hülsenfrüchte

Linsen, Bohnen und Co. sind optimale pflanzliche Proteinquellen. Allerdings kann der menschliche Körper pflanzliches Eiweiß nicht so gut verwerten wie tierisches. Kombinieren Sie daher Hülsenfrüchte mit anderen pflanzlichen eiweißreichen Lebensmitteln (z.B. Kartoffeln) oder mit tierischen Eiweißlieferanten wie Fisch, Fleisch oder Eiern. Das erhöht den Wert des Proteins. Der Fachmann sagt dazu: „Die biologische Wertigkeit des verzehrten Eiweißes steigt." Auch Brot, Kartoffeln und Vollkorngetreideprodukte sind gute pflanzliche Eiweißquellen, deren biologische Wertigkeit Sie mit geschickten Zutaten-Kombis tunen können. Gucken Sie doch mal im Rezeptteil auf Seite 26, 28 oder 42.

FLEISCH

Es gibt 21 Aminosäuren, neun davon sind essenziell, das heißt, der Körper kann sie nicht selbst herstellen. Wir müssen sie über die Nahrung aufnehmen, damit wir gut damit versorgt sind. Zusammen mit Ei und Milchprodukten ist Fleisch eine Top-Quelle für diese lebensnotwendigen Eiweißbausteine. Bevorzugen Sie magere Sorten und verzichten Sie lieber auf Wurstwaren, die meist sehr viel Fett sowie Zusatzstoffe enthalten. Pro Woche sollten Sie nicht mehr als 300 bis 600 Gramm Fleisch und Wurst pro Person auf den Tisch bringen.

SCHWEINEMEDAILLONS MIT ERDNUSSKRUSTE UND SPITZKOHL-KÜRBIS-SALAT

ZUTATEN FÜR 2 PERSONEN:

FÜR DEN SALAT:

250 g Spitzkohl
200 g Hokkaido-Kürbis
½ Bund Koriandergrün (nach Belieben)
1 kleine rote Chilischote (fein gehackt)
2 cm Ingwer (in feinen Würfeln)
1–2 EL Zitronensaft
Salz
2 EL geröstetes Sesamöl

FÜR DIE MEDAILLONS:

1 kleines Schweinefilet (ca. 400 g)
1 kleine Zwiebel
1 Knoblauchzehe
2 EL Rapsöl
50 g Erdnusskerne
2 EL Erdnusscreme
Salz
Pfeffer aus der Mühle

Nährwerte pro Portion:
ca. 750 kcal, 56 g EW, 43 g F, 22 g KH

Zubereitungszeit: ca. 40 Min.

ZUBEREITUNG:

Für den Salat vom Kohl die äußeren Blätter sowie den Strunk entfernen und die Blätter quer in feine Streifen schneiden. Kürbis waschen, entkernen und grob raspeln. Koriandergrün, falls es verwendet wird, waschen und trocken schütteln, die Blätter abzupfen und fein hacken.

Kohl, Kürbis, Chili, Ingwer, Zitronensaft und ½ TL Salz in einer Schüssel mit den Händen etwa 5 Minuten durchkneten, bis der Kohl schön mürbe geworden ist. Den Salat bis zum Servieren ruhen lassen.

Für die Medaillons Filet waschen, trocken tupfen und in 3 cm dicke Scheiben schneiden. Diese wieder trocken tupfen, auf die Schnittfläche legen und etwas platt drücken. Zwiebel und Knoblauch schälen, fein würfeln.

Backofengrill einschalten. Zwiebel und Knoblauch in einer Pfanne in 1 EL Öl andünsten. Erdnüsse nicht zu fein hacken. Zwiebel, Knoblauch, Erdnüsse, Erdnusscreme, Salz und Pfeffer in einer Schale verrühren.

Medaillons im restlichen Öl bei starker Hitze auf jeder Seite 1 Minute anbraten, mit Salz und Pfeffer würzen. In eine ofenfeste Form legen und den Erdnussmix daraufgeben. Unter dem Grill 3 bis 5 Minuten goldbraun backen.

Sesamöl und nach Belieben Koriander unter den Salat mischen und diesen nochmals mit Salz abschmecken. Mit den Schweinemedaillons anrichten.

RINDERFILET MIT ZITRONEN-KRÄUTER-GREMOLATA UND LAUWARMEM ZUCCHINISALAT

ZUTATEN FÜR 2 PERSONEN:

400 g Rinderfilet
½ TL Korianderkörner
5 EL Olivenöl ✚
Salz
Pfeffer aus der Mühle
abgeriebene Schale und Saft von ½ Bio-Zitrone ✚
3 EL Mandeln (gehackt)
½ Bund Petersilie (fein gehackt)
2 Zucchini
2 Zwiebeln ✚
1 TL Honig (nach Belieben) ✚

Nährwerte pro Portion:
ca. 595 kcal, 52 g EW, 38 g F, 10 g KH

Zubereitungszeit: ca. 45 Min.
Marinierzeit: ca. 2 Std.

ZUBEREITUNG:

Das Rinderfilet trocken tupfen. Korianderkörner im Mörser zerstoßen und in einer Tasse mit 2 EL Olivenöl, 2 Prisen Salz und Pfeffer verrühren. Rinderfilet damit rundum einreiben und 2 Stunden marinieren lassen.

Zitronenschale, 1 EL Zitronensaft, Mandeln, Petersilie, 1 EL Olivenöl, Salz und Pfeffer in einer Schale mischen.

Zucchini putzen, waschen, längs vierteln und quer in Scheiben oder etwa 4 cm lange Stücke schneiden. Zwiebeln schälen und in dünne Spalten schneiden. Beides im restlichen Olivenöl in einer Pfanne bei mittlerer Hitze etwa 7 Minuten anbraten, bis das Gemüse zu bräunen beginnt.

Zucchinimischung in einer Schüssel mit restlichem Zitronensaft und nach Belieben Honig mischen. Salat mit Salz und Pfeffer würzen und zugedeckt ziehen lassen.

Eine Pfanne stark erhitzen und das Rinderfilet darin anbraten, dabei im Minutentakt weiterdrehen, damit das Fleisch rundum bräunt und innen gleichmäßig gart. Das Fleisch 6 bis 8 Minuten medium braten, aus der Pfanne auf einen Teller heben und zugedeckt etwa 5 Minuten ruhen lassen.

Rinderfilet quer zur Faser in 3 cm dicke Scheiben schneiden und auf zwei Teller verteilen. Filet mit der Gremolata bestreuen und den Zucchinisalat daneben anrichten. Dazu schmecken gebackene Kartoffelecken oder Brot.

GELBES THAI-CURRY MIT GEMÜSEMIX UND HÄHNCHEN

ZUTATEN FÜR 2 PERSONEN:

100 g Basmatireis
Salz
1 kleine Zucchini
150 g Brokkoli ✚
1 rote Paprikaschote
100 g Austernpilze
150 g Hähnchenbrustfilet
1 EL Rapsöl ✚
200 g Kokosmilch
2 EL gelbe Currypaste
3 cm Ingwer (fein gehackt) ✚
3 cm Kurkumawurzel (fein gehackt) ✚
1–2 EL Limettensaft
1 TL Rohrohrzucker

Nährwerte pro Portion:
ca. 605 kcal, 33 g EW, 25 g F, 60 g KH

Zubereitungszeit: ca. 40 Min.

ZUBEREITUNG:

Reis in einem Sieb gründlich mit kaltem Wasser abspülen. In einem Topf mit der doppelten Menge Salzwasser zugedeckt bei schwacher Hitze etwa 20 Minuten garen.

Zucchini putzen, waschen, längs halbieren und quer in 5 mm dicke Scheiben schneiden. Brokkoli putzen, waschen und in Röschen teilen. Paprika längs vierteln, entkernen, waschen und quer in dünne Streifen schneiden. Pilze putzen, falls nötig, trocken abreiben und längs in Streifen schneiden.

Hähnchenfleisch trocken tupfen und in mundgerechte Stücke schneiden. Im Wok oder einer weiten Pfanne im Öl bei starker Hitze rundum 3 bis 4 Minuten braten, dann auf einen Teller geben und beiseitestellen.

2 bis 3 EL von der dicken Creme, die sich auf der Kokosmilch absetzt, mit der Currypaste in den Wok (Pfanne) geben und unter Rühren anbraten, bis sich in der Kokoscreme kleine Löcher bilden. Ingwer und Kurkuma dazugeben und 1 Minute mitbraten. Gemüse hinzufügen und bei mittlerer Hitze unter Rühren etwa 8 Minuten braten. Restliche Kokosmilch angießen, aufkochen und das Curry bei schwacher bis mittlerer Hitze 5 bis 10 Minuten köcheln lassen, bis die Brokkoliröschen gar sind.

Hähnchenstücke dazugeben und erhitzen. Das Curry mit Salz, Limettensaft und Zucker abschmecken. Reis mit einer Gabel auflockern und mit dem Curry anrichten.

ASIA-ROULADEN MIT HACKFLEISCH UND CHILI-DIP

ZUTATEN FÜR 2 PERSONEN:

FÜR DIE ROULADEN:

12 Wirsingblätter ✚
Salz
300 g Rinderhackfleisch
2 cm Ingwer (fein gewürfelt) ✚
1 Zwiebel (fein gewürfelt) ✚
1 Knoblauchzehe (fein gewürfelt) ✚
1 Ei
Pfeffer aus der Mühle

FÜR DEN CHILI-DIP:

1 kleine rote Chilischote (fein gehackt)
4 EL Sojasauce
4 EL geröstetes Sesamöl ✚
½–1 TL brauner Zucker

AUSSERDEM:

1 Bambus-Dämpfeinsatz

Nährwerte pro Portion:
ca. 490 kcal, 42 g EW, 44 g F, 11 g KH

Zubereitungszeit: ca. 25 Min.
Garzeit: ca. 20 Min.

ZUBEREITUNG:

Für die Rouladen von den Wirsingblättern die dicken Blattrippen entfernen. Wirsing in Salzwasser 5 Minuten blanchieren, abgießen, kalt abschrecken und trocken tupfen. Hackfleisch, Ingwer, Zwiebel, Knoblauch, Ei, Salz und Pfeffer in einer Schüssel gut mischen.

Ein Wirsingblatt mit der Blattspitze nach oben auf der Arbeitsfläche ausbreiten und etwa ein Zwölftel der Hackfleischmasse als längliche Rolle in die Mitte des Blattes geben. Die Seitenränder des Blattes nach innen über die Füllung schlagen und das Blatt von unten nach oben aufrollen. Restliche Wirsingblätter mit der übrigen Hackfleischmasse genauso füllen. Die Blätter mit dem Schluss nach unten in den Dämpfeinsatz legen.

Im Wok oder einer tiefen Pfanne 3 cm hoch Wasser aufkochen. Den Dämpfeinsatz schließen, in den Wok setzen und die Röllchen darin 15 bis 20 Minuten dämpfen.

Für den Chili-Dip alle Zutaten verrühren. Die Asia-Rouladen mit dem Chili-Dip servieren.

Für Reisfans

Wer mag, isst dazu noch Basmatireis als Beilage. Dann darf es auch gerne die doppelte Menge Chili-Dip sein.

RINDERSCHMORTOPF MIT ROTKOHL UND PILZEN

ZUTATEN FÜR 2 PERSONEN:

300 g Rindfleisch zum Schmoren (z. B. Wade, Schulter)
1 TL Mehl
300 g Rotkohl +
200 g Champignons
1 Zwiebel +
2 EL Rapsöl +
1 EL Tomatenmark
Salz
Pfeffer aus der Mühle
1 TL edelsüßes Paprikapulver
½ TL gemahlener Kümmel
50 ml trockener Rotwein
100 ml Rinderfond

Nährwerte pro Portion:
ca. 375 kcal, 39 g EW, 17 g F, 14 g KH

Zubereitungszeit: ca. 25 Min.
Garzeit: ca. 1½ Std.
Ruhezeit: ca. 1 Std.

ZUBEREITUNG:

Das Fleisch trocken tupfen, in etwa 3 cm große Würfel schneiden und mit dem Mehl bestäuben. Vom Rotkohl die äußeren Blätter sowie den Strunk entfernen. Die Kohlblätter quer in dünne Streifen schneiden. Die Pilze putzen, falls nötig, trocken abreiben, und vierteln. Die Zwiebel schälen und in kleine Würfel schneiden.

In einem weiten Topf 1 EL Rapsöl erhitzen und die Fleischwürfel darin bei starker Hitze rundum 2 bis 3 Minuten anbraten, dann aus dem Topf auf einen Teller heben. Das restliche Öl in den Topf geben und Zwiebel, Kohl und Pilze darin bei mittlerer bis starker Hitze braten, bis keine Flüssigkeit mehr aus den Pilzen austritt. Das Fleisch wieder dazugeben.

Tomatenmark, Salz, Pfeffer, Paprikapulver und Kümmel dazugeben und 1 Minute mitbraten. Den Topfinhalt mit dem Wein ablöschen und kurz einkochen lassen. Den Fond dazugießen und Fleisch und Gemüse zugedeckt bei schwacher Hitze etwa 1½ Stunden schmoren. Dann die Herdplatte ausschalten und den Schmortopf noch 1 Stunde darauf nachziehen lassen.

Den Schmortopf mit Salz und Pfeffer abschmecken, nochmals erhitzen und mit Kartoffelpüree, Weißbrot oder Bandnudeln als Beilage servieren.

WEISSKOHL-LASAGNE MIT GORGONZOLA

ZUTATEN FÜR 2 PERSONEN:

6 große Weißkohlblätter ✚
Salz
1 Zwiebel ✚
1 Knoblauchzehe ✚
1 EL Olivenöl ✚
300 g Rinderhackfleisch
1 EL Tomatenmark
1 Dose stückige Tomaten (400 g)
2 TL getrockneter Oregano
Pfeffer aus der Mühle
150 g Gorgonzola
100 g Schmand

Nährwerte pro Portion:
ca. 865 kcal, 53 g EW, 61 g F, 17 g KH

Zubereitungszeit: ca. 30 Min.
Backzeit: ca. 30 Min.
Ruhezeit: ca. 10 Min.

ZUBEREITUNG:

Von den Kohlblättern den dicken Stiel entfernen. Die Blätter vierteln und in kochendem Salzwasser 5 Minuten blanchieren, dann kalt abschrecken und mit Küchenpapier gut trocken tupfen.

Zwiebel und Knoblauch schälen und in feine Würfel schneiden. Das Olivenöl in einem Topf erhitzen und das Hackfleisch darin bei mittlerer bis starker Hitze krümelig braten. Zwiebel und Knoblauch dazugeben und 2 Minuten mitbraten. Das Tomatenmark hinzufügen und kurz anrösten. Tomaten dazugeben und alles mit Oregano, Salz und Pfeffer würzen. Aufkochen und die Sauce offen bei schwacher Hitze 15 Minuten köcheln lassen.

Den Backofen auf 200 °C vorheizen. Den Gorgonzola in Würfel schneiden. Die Hälfte des Gorgonzolas in einer Schüssel mit einer Gabel zerdrücken, mit dem Schmand verrühren und die Creme mit Salz und Pfeffer würzen.

Etwas Hackfleischsauce in eine Auflaufform (etwa 15 × 25 cm) geben, ein Drittel der Kohlblätter darauflegen. Ein Drittel der Hackfleischsauce und die Hälfte der Gorgonzolawürfel daraufschichten. Es folgen ein weiteres Drittel Kohlblätter, ein weiteres Drittel Hackfleischsauce, restliche Gorgonzolawürfel, restliche Kohlblätter und die restliche Hackfleischsauce. Den Gorgonzolaschmand darauf verstreichen.

Die Lasagne im Ofen auf der mittleren Schiene etwa 30 Minuten backen. Lasagne vor dem Anschneiden aus dem Ofen nehmen und 10 Minuten ruhen lassen.

VEGETARISCHE HAUPTGERICHTE

Jetzt wird es bunt! Wenn Gemüse die Hauptrolle übernimmt, ist für Abwechslung in der Küche gesorgt. Unsere Superhelden wie Kartoffeln, Kohl und Zwiebel können jetzt auftrumpfen und zeigen, was alles Tolles und Köstliches in ihnen steckt!

KARTOFFEL-WIRSING-CURRY

ZUTATEN FÜR 2 PERSONEN:

300 g vorwiegend festkochende Kartoffeln
300 g Wirsing
1 Zwiebel
4 cm Kurkumawurzel
2 cm Ingwer
3 Kardamomkapseln
½ TL Bockshornkleesamen
½ TL Kreuzkümmelsamen
2 EL Rapsöl
½ TL Zimtpulver
1 Dose stückige Tomaten (400 g)
250 ml Gemüsebrühe
4 Stiele Koriandergrün
150 g Naturjoghurt
Salz
Pfeffer aus der Mühle

Nährwerte pro Portion:
ca. 300 kcal, 14 g EW, 13 g F, 40 g KH

Zubereitungszeit: ca. 25 Min.
Garzeit: ca. 20 Min.

ZUBEREITUNG:

Die Kartoffeln schälen, waschen und in 1 cm große Würfel schneiden. Den Wirsing putzen, waschen und die Blätter quer in 1 cm breite Streifen schneiden. Zwiebel, Kurkuma und Ingwer schälen und in feine Würfel schneiden. Kardamom, Bockshornklee und Kreuzkümmel im Mörser andrücken.

Das Öl in einem Topf erhitzen und Zwiebel, Kurkuma, Ingwer und alle Gewürze darin 1 Minute anrösten. Die Kartoffeln dazugeben und 3 Minuten mitbraten. Dann den Wirsing hinzufügen und 2 Minuten mitbraten.

Die stückigen Tomaten und die Brühe dazugeben, das Curry aufkochen und zugedeckt bei schwacher bis mittlerer Hitze 20 Minuten köcheln lassen, bis Kartoffeln und Wirsing weich sind.

Inzwischen das Koriandergrün waschen und trocken schütteln, die Blätter abzupfen und fein hacken.

100 g Joghurt unter das Curry rühren und dieses mit Salz und Pfeffer abschmecken. Die Kardamomkapseln herausfischen, das Curry auf zwei Schalen verteilen, mit dem restlichen Joghurt toppen und mit Koriander bestreut servieren.

KARTOFFEL-FLAMMKUCHEN MIT BLATTSALAT

ZUTATEN FÜR 2 PERSONEN:

90 g Weizenmehl (Type 550)
30 g Weizenvollkornmehl
Salz
5 g Hefe
4 TL Rapsöl ✚
200 g festkochende Kartoffeln ✚
¼ Kopf Eichblattsalat
2 Frühlingszwiebeln ✚
1 EL Aceto balsamico
1 Prise Zucker (nach Belieben)
Pfeffer aus der Mühle
¼ TL mittelscharfer Senf
2 EL Kürbiskernöl ✚
Mehl für die Arbeitsfläche
150 g Ziegenfrischkäse
1 EL Kürbiskerne

Nährwerte pro Portion:
ca. 540 kcal, 20 g EW, 31 g F, 62 g KH

Zubereitungszeit: ca. 25 Min.
Garzeit: ca. 30 Min.
Ruhezeit: ca. 1 Std.
Backzeit: ca. 12 Min.

ZUBEREITUNG:

Beide Mehlsorten, ½ TL Salz, Hefe, 1 TL Rapsöl und 60 ml lauwarmes Wasser mit den Knethaken des Handrührgeräts zu einem glatten Teig verkneten. Zugedeckt an einem warmen Ort etwa 1 Stunde gehen lassen.

Kartoffeln waschen und in Salzwasser 25 bis 30 Minuten garen. Ein Backblech auf der untersten Schiene in den Backofen schieben und den Ofen auf 250 °C vorheizen.

Salat in einzelne Blätter teilen, verlesen, waschen, trocken schleudern und in mundgerechte Stücke zupfen. Frühlingszwiebeln putzen, waschen und in feine Ringe schneiden. Salatblätter und ein Drittel der Frühlingszwiebeln in einer Salatschüssel mischen. Für das Dressing Essig, nach Belieben den Zucker, Salz, Pfeffer, Senf, 2 TL Rapsöl und das Kürbiskernöl verrühren.

Den Teig auf der leicht bemehlten Arbeitsfläche möglichst dünn ausrollen und auf einen Bogen Backpapier legen, nochmals kurz ruhen lassen. Die Kartoffeln abgießen, pellen und in dünne Scheiben schneiden.

Frischkäse auf dem Teig verstreichen und mit Kartoffelscheiben belegen. Mit Salz und Pfeffer würzen, mit Kürbiskernen bestreuen und mit restlichem Rapsöl beträufeln. Flammkuchen samt Backpapier auf ein umgedrehtes Blech ziehen, auf das heiße Blech im Ofen gleiten lassen und 10 bis 12 Minuten knusprig backen.

Den Salat mit dem Dressing mischen. Den Flammkuchen mit übrigen Frühlingszwiebeln bestreuen und mit Salat servieren.

SPITZKOHL-SHAKSHUKA

ZUTATEN FÜR 2 PERSONEN:

1 Spitzkohl (ca. 500 g) ✚
1 kleine Zwiebel ✚
1 Knoblauchzehe ✚
1 EL Olivenöl ✚
400 g stückige Tomaten (Dose)
1 TL Ras el-Hanout
(orient. Gewürzmischung)
½ TL Korianderpulver
Salz
Pfeffer aus der Mühle
4 Eier
2 Stiele Petersilie (nach Belieben)
1 EL Schwarzkümmelsamen

Nährwerte pro Portion:
ca. 330 kcal, 23 g EW, 16 g F, 19 g KH

Zubereitungszeit: ca. 25 Min.

ZUBEREITUNG:

Den Spitzkohl waschen, halbieren, vom Strunk befreien und in Streifen schneiden. Zwiebel und Knoblauch schälen und in feine Würfel schneiden.

Das Olivenöl in einer ofenfesten Pfanne erhitzen, Zwiebel und Knoblauch darin 2 Minuten andünsten. Den Spitzkohl dazugeben und 5 Minuten mitdünsten. Tomaten, Ras el-Hanout, Koriander, Salz und Pfeffer dazugeben, das Gemüse zum Kochen bringen und offen bei mittlerer Hitze 10 Minuten köcheln lassen, dabei ab und zu umrühren.

Inzwischen den Backofen auf 200 °C vorheizen. In die Gemüsemischung mit einem Esslöffel vier Mulden drücken. Die Eier einzeln in eine Tasse aufschlagen und jedes Ei in eine Mulde gleiten lassen. Die Shakshuka im Ofen auf der mittleren Schiene 10 Minuten garen, bis die Eier gestockt sind.

Inzwischen die Petersilie, wenn sie verwendet wird, waschen und trocken tupfen, die Blätter abzupfen und fein hacken.

Zum Servieren die Eier mit Salz und Pfeffer würzen. Shakshuka mit Schwarzkümmel und Petersilie bestreuen. Nach Belieben geröstetes Fladenbrot oder Couscous dazu reichen.

KARTOFFEL-SPINAT-KÜCHLEIN MIT ZAZIKI

ZUTATEN FÜR 2 PERSONEN:

FÜR DIE KÜCHLEIN:

- 300 g vorwiegend festkochende Kartoffeln ✚
- Salz
- 1 Zwiebel ✚
- 3 EL Olivenöl ✚
- 200 g tiefgekühlter Blattspinat
- 1 Ei
- 2 EL Mehl
- Pfeffer aus der Mühle
- frisch geriebene Muskatnuss
- Mehl zum Arbeiten

FÜR DAS ZAZIKI:

- ½ Salatgurke
- Salz
- 1 kleine Knoblauchzehe ✚
- 200 g griechischer Joghurt
- 1 EL Olivenöl ✚
- Pfeffer aus der Mühle

Nährwerte pro Portion:
ca. 490 kcal, 16 g EW, 30 g F, 39 g KH

Zubereitungszeit: ca. 30 Min.
Garzeit: ca. 30 Min.

ZUBEREITUNG:

Für die Küchlein die Kartoffeln mit der Schale gründlich waschen und in Salzwasser 25 bis 30 Minuten garen.

Zwiebel schälen und in feine Würfel schneiden. In einem Topf 1 EL Olivenöl erhitzen und Zwiebel darin andünsten. Den Spinat dazugeben und bei mittlerer bis starker Hitze auftauen lassen – das dauert etwa 7 Minuten. Den Spinat in ein Sieb abgießen und abtropfen lassen.

Für das Zaziki die Gurke schälen, längs halbieren und mit einem Teelöffel die Kerne entfernen. Das Fruchtfleisch grob raspeln, in einem feinen Sieb mit ½ TL Salz mischen und etwa 10 Minuten Wasser ziehen lassen.

Knoblauch schälen und in feine Würfel schneiden. Joghurt, Knoblauch und die Hälfte des Olivenöls verrühren. Gurkenraspel fest ausdrücken und unter den Joghurt heben. Zaziki mit Salz und Pfeffer abschmecken, mit übrigem Olivenöl beträufeln und kühl stellen.

Für die Küchlein Kartoffeln abgießen, ausdampfen lassen, möglichst heiß pellen und durch die Kartoffelpresse in eine Schüssel drücken. Spinat mit den Händen gut ausdrücken und dazugeben. Ei, Mehl, ½ TL Salz, Pfeffer und Muskatnuss hinzufügen und alles gut verkneten.

Mit bemehlten Händen aus dem Kartoffelteig 6 Küchlein formen. Das restliche Olivenöl in einer Pfanne erhitzen und die Küchlein darin bei mittlerer Hitze auf jeder Seite 3 bis 4 Minuten goldbraun braten. Kartoffel-Spinat-Küchlein mit dem Zaziki anrichten.

Zum Mitnehmen

OFEN-SÜSSKARTOFFEL: GRUNDREZEPT

ZUTATEN FÜR 2 PERSONEN:

2 Süßkartoffeln (à 400–500 g) ✚
1 TL Rapsöl ✚
Salz

Nährwerte pro Portion:
ca. 385 kcal, 7 g EW, 1 g F, 90 g KH

Zubereitungszeit: ca. 10 Min.
Garzeit: ca. 1 Std.

ZUBEREITUNG:

Den Backofen auf 200 °C vorheizen. Die Süßkartoffeln gründlich waschen und trocken reiben. Dann mit einem spitzen Messer mehrmals einstechen und mit dem Öl einreiben. Auf ein Backblech legen und auf der mittleren Schiene im Ofen 40 bis 60 Minuten weich backen.

Jede Süßkartoffel auf einen Teller legen, längs ein-, aber nicht durchschneiden und etwas aufklappen. Die Süßkartoffeln salzen und mit einem Topping nach Wahl (siehe unten, Seite 122, Seite 124) servieren.

... MIT GUACAMOLE

ZUTATEN FÜR 2 PERSONEN:

1 Grundrezept Ofen-Süßkartoffel (siehe oben) ✚
1 Avocado • 2 EL Limettensaft
2 Tomaten
1 Knoblauchzehe ✚
1 Frühlingszwiebel ✚
½ Bund Koriandergrün
¼ TL Korianderpulver
¼ TL gemahlener Kreuzkümmel
¼ TL Chiliflocken • Salz
2 EL Olivenöl ✚

Nährwerte pro Portion:
ca. 695 kcal, 11 g EW, 29 g F, 94 g KH

Zubereitungszeit: ca. 20 Min.

ZUBEREITUNG:

Die Ofen-Süßkartoffeln wie oben beschrieben zubereiten. Während die Süßkartoffeln im Ofen garen, die Avocado halbieren und den Stein entfernen. Die Avocadohälften schälen, das Fruchtfleisch in Stücke schneiden und in einer Schüssel mit einer Gabel fein zermusen. Sofort den Limettensaft unterrühren.

Die Tomaten waschen, halbieren und klein würfeln, dabei die Stielansätze entfernen. Den Knoblauch schälen und fein würfeln. Die Frühlingszwiebel putzen, waschen und in dünne Ringe schneiden. Koriandergrün waschen und trocken schütteln, die Blätter fein hacken.

Tomaten, Knoblauch, Frühlingszwiebel und die Hälfte des Koriandergrüns mit Korianderpulver, Kreuzkümmel, Chiliflocken, Salz und Olivenöl unter das Avocadomus mischen. Guacamole in die aufgeschnittenen Süßkartoffeln füllen und mit restlichem Koriander bestreuen.

Grundrezept

OFEN-SÜSSKARTOFFEL MIT FRÜHLINGSZWIEBEL-EIER-DIP

ZUTATEN FÜR 2 PERSONEN:

1 Grundrezept Ofen-Süßkartoffel (siehe Seite 120) ✚
2 Eier
2 dünne Frühlingszwiebeln ✚
4 Stiele Petersilie
150 g Schmand
Salz
Pfeffer aus der Mühle

Nährwerte pro Portion:
ca. 655 kcal, 18 g EW, 23 g F, 95 g KH

Zubereitungszeit: ca. 25 Min.
Garzeit: ca. 1 Std.

ZUBEREITUNG:

Die Ofen-Süßkartoffeln wie im Grundrezept beschrieben zubereiten. Während die Süßkartoffeln im Ofen garen, die Eier in kochendem Wasser 10 Minuten hart kochen, dann kalt abschrecken, pellen und hacken.

Die Frühlingszwiebeln putzen, waschen und in dünne Ringe schneiden. Petersilie waschen und trocken tupfen, die Blätter abzupfen und fein hacken.

Schmand, die Hälfte der Frühlingszwiebeln, die Petersilie und die Eier in einer Schüssel mischen und mit Salz und Pfeffer würzen.

Den Dip in die aufgeschnittenen Süßkartoffeln füllen, mit den restlichen Frühlingszwiebelringen bestreuen und loslöffeln.

Mit Grundrezept
Ofen-Süßkartoffel

OFEN-SÜSSKARTOFFEL MIT ZIEGEN-FRISCHKÄSE-DIP UND BALSAMICO-ZWIEBELN

ZUTATEN FÜR 2 PERSONEN:

1 Grundrezept Ofen-Süßkartoffel (siehe Seite 120) ✚
4 getrocknete Soft-Tomaten
6 schwarze Oliven (ohne Stein)
150 g Ziegenfrischkäse
1 TL Tomatenmark
½ TL getrockneter Thymian
Salz • Pfeffer aus der Mühle
1 Zwiebel ✚
1 TL Olivenöl ✚
½ TL Honig ✚
1 EL Aceto balsamico

Nährwerte pro Portion:
ca. 610 kcal, 17 g EW, 19 g F, 98 g KH

Zubereitungszeit: ca. 25 Min.
Garzeit: ca. 1 Std.

ZUBEREITUNG:

Ofen-Süßkartoffeln wie im Grundrezept beschrieben zubereiten. Während die Süßkartoffeln im Ofen garen, die Soft-Tomaten und die Oliven in sehr kleine Würfel schneiden. Beides mit Frischkäse, Tomatenmark und Thymian in einer Schüssel glatt verrühren und den Dip mit Salz und Pfeffer würzen.

Die Zwiebel schälen, längs halbieren und quer in Halbringe schneiden. Das Olivenöl in einem Topf erhitzen und die Zwiebel darin 2 Minuten andünsten. Den Honig dazugeben und karamellisieren. Die Zwiebelringe mit dem Essig ablöschen, mit Salz und Pfeffer würzen und den Essig einkochen lassen.

Den Frischkäse-Dip in die aufgeschnittenen Süßkartoffeln füllen, mit den Balsamico-Zwiebeln toppen und loslöffeln.

Frische-Plus

Dazu passt noch ein knackiger Blattsalat oder ein bunt gemischter Salat.

INGWER-ZITRONEN-RISOTTO MIT PAK CHOI UND KORIANDERPESTO

ZUTATEN FÜR 2 PERSONEN:

FÜR DEN RISOTTO:

2 EL Rapsöl ✚
1 kleine Zwiebel (in feinen Würfeln) ✚
2 cm Ingwer (in feinen Würfeln) ✚
150 g Risottoreis
100 ml Weißwein
½ l heiße Gemüsebrühe
40 g Parmesan (am Stück)
2 Pak Choi ✚
2 TL Honig ✚
Salz • Pfeffer aus der Mühle
ca. 1 TL Zitronensaft ✚
20 g Butter
abgeriebene Schale von
½ Bio-Zitrone ✚

FÜR DAS PESTO:

2 EL Pistazienkerne
1 Bund Koriandergrün
5 EL Rapsöl ✚
2 EL Zitronensaft ✚
2 EL Gemüsebrühe
Salz • Pfeffer aus der Mühle

Nährwerte pro Portion:
ca. 880 kcal, 20 g EW, 56 g F, 73 g KH

Zubereitungszeit: ca. 35 Min.

ZUBEREITUNG:

Für den Risotto in einem Topf 1 EL Öl erhitzen und Zwiebel und Ingwer darin andünsten. Reis dazugeben und ebenfalls andünsten. Mit Wein ablöschen und bei mittlerer Hitze einköcheln lassen. So viel heiße Brühe angießen, dass der Reis bedeckt ist, und unter häufigem Rühren einköcheln lassen. Den Vorgang wiederholen, bis der Reis nach etwa 25 Minuten bissfest ist.

Für das Pesto Pistazien in einer Pfanne ohne Fett bei mittlerer Hitze unter Rühren rösten, bis sie anfangen zu duften. Koriandergrün waschen, trocken schütteln und die groben Stiele entfernen. Blätter und zarte Stiele mit Pistazien, Öl, Zitronensaft und Brühe im Blitzhacker fein pürieren. Das Pesto mit Salz und Pfeffer würzen.

Die Hälfte des Parmesans fein reiben, Rest in Späne hobeln. Pak Choi waschen, längs halbieren und vom Strunk befreien. Die dicken Stiele quer in 1 cm breite Stücke, die Blätter in 5 cm breite Stücke schneiden. Das restliche Öl in einer Pfanne erhitzen und den Pak Choi darin etwa 4 Minuten anbraten. Honig dazugeben und schmelzen lassen, dann das Gemüse mit Salz, Pfeffer und dem Zitronensaft würzen.

Butter, geriebenen Parmesan und Zitronenschale unter den Risotto rühren und zugedeckt auf der ausgeschalteten Herdplatte 1 Minute ruhen lassen. Risotto auf Tellern anrichten und Pak Choi darum herum verteilen. Risotto mit Pesto beträufeln und mit Parmesan bestreuen.

OFENGEMÜSE MIT HONIG-ZITRONEN-DRESSING UND HALLOUMI

ZUTATEN FÜR 2 PERSONEN:

1 Zucchini
1 rote Paprikaschote
200 g Champignons
1 Zwiebel ✚
1 TL getrockneter Rosmarin
Salz
Pfeffer aus der Mühle
5 EL Olivenöl ✚
1 EL Aceto balsamico
2 EL Zitronensaft ✚
1 TL Honig ✚
30 g Kalamata-Oliven
2 Scheiben Halloumi (à 250 g)

Nährwerte pro Portion:
ca. 735 kcal, 35 g EW, 62 g F, 14 g KH

Zubereitungszeit: ca. 20 Min.
Garzeit: ca. 30 Min.

ZUBEREITUNG:

Den Backofen auf 220 °C vorheizen. Die Zucchini putzen, waschen, längs halbieren und quer in etwa 1 cm dicke Stücke schneiden. Die Paprika längs halbieren, entkernen, waschen und längs in 3 cm breite Stücke schneiden. Champignons putzen, falls nötig, trocken abreiben und halbieren. Die Zwiebel schälen, halbieren und in Spalten schneiden.

Das vorbereitete Gemüse, Rosmarin, Salz, Pfeffer, 2 EL Olivenöl und Essig in einer Schüssel mischen, dann auf einem Backblech verteilen und im Ofen auf der mittleren Schiene 25 bis 30 Minuten garen, dabei zwischendurch wenden.

Inzwischen Zitronensaft, Honig und 2 EL Olivenöl in einer Tasse verquirlen und das Dressing mit Salz und Pfeffer würzen. Das Gemüse aus dem Ofen holen und etwas abkühlen lassen. Das Dressing mit den Oliven unter das Gemüse mischen und nochmals mit Salz und Pfeffer abschmecken.

Das restliche Olivenöl in einer Pfanne erhitzen und die Halloumischeiben darin bei mittlerer bis starker Hitze auf jeder Seite 2 bis 3 Minuten anbraten, bis sie leicht gebräunt sind. Das Ofengemüse mit dem gebratenen Halloumi auf zwei Tellern anrichten.

ONE-POT-TOMATEN-PASTA MIT BASILIKUMPESTO

ZUTATEN FÜR 2 PERSONEN:

FÜR DIE ONE-POT-PASTA:

1 Zwiebel ✚
2 Knoblauchzehen ✚
1 EL Olivenöl
1 getrocknete Chilischote (nach Belieben)
250 g (Vollkorn-)Spaghetti
¾ l Tomatensaft
Salz • Pfeffer aus der Mühle

FÜR DAS PESTO:

ca. 40 Basilikumblätter
4 EL Pinienkerne
1 Knoblauchzehe ✚
30 g geriebener Parmesan
1 EL Olivenöl ✚
Salz
Pfeffer aus der Mühle

AUSSERDEM:

1 Kugel Burrata (100 g; ersatzweise Büffelmozzarella)

Nährwerte pro Portion:
ca. 710 kcal, 23 g EW, 23 g F, 104 g KH

Zubereitungszeit: ca. 30 Min.

ZUBEREITUNG:

Für die One-Pot-Pasta Zwiebel und Knoblauch schälen und in feine Würfel schneiden. Das Olivenöl in einem Topf erhitzen, Zwiebel, Knoblauch und nach Belieben die zerkrümelte Chilischote darin andünsten.

Die Nudeln in der Mitte durchbrechen, dazugeben und 2 Minuten mitdünsten. Den Tomatensaft angießen, aufkochen und die Pasta im Saft offen bei schwacher bis mittlerer Hitze 15 Minuten bissfest garen, dabei immer wieder umrühren.

Für das Pesto die Basilikumblätter waschen und trocken schütteln. Pinienkerne in einer Pfanne ohne Fett unter Rühren bei mittlerer Hitze rösten, bis sie anfangen zu duften. Knoblauch schälen und in Stücke schneiden.

Basilikum, Pinienkerne, Knoblauch, Parmesan und Olivenöl in einem hohen Rührbecher mit dem Stabmixer fein pürieren und das Pesto mit Salz und Pfeffer würzen.

Die Pasta noch mal mit Salz und Pfeffer abschmecken und auf zwei Pastateller verteilen. Die Burrata halbieren und je eine Hälfte auf die Pasta setzen. Nudeln und Burrata mit dem Basilikumpesto beträufelt servieren.

ASIA-SPAGHETTI AGLIO OLIO

ZUTATEN FÜR 2 PERSONEN:

250 g Spaghetti
Salz
4 Knoblauchzehen ✚
2 cm Ingwer ✚
1 getrocknete Chilischote
1 Bund Koriandergrün
50 g altbackenes Weißbrot
6 EL Olivenöl ✚
4 EL geriebener Parmesan

Nährwerte pro Portion:
ca. 810 kcal, 25 g EW, 36 g F, 101 g KH

Zubereitungszeit: ca. 25 Min.

ZUBEREITUNG:

Die Spaghetti in reichlich kochendem Salzwasser nach Packungsanweisung bissfest garen.

Den Knoblauch und Ingwer schälen. Knoblauch in dünne Scheiben und Ingwer in sehr feine Würfel schneiden. Die Chilischote zerkrümeln. Das Koriandergrün waschen, trocken schütteln und die Blätter abzupfen.

Das Brot in kleine Stücke zupfen. In einer Pfanne 2 EL Olivenöl erhitzen und das Brot darin bei mittlerer bis starker Hitze knusprig rösten. Brot, Parmesan und ein Drittel des Koriandergrüns in einer Schale mischen.

Das restliche Olivenöl in der Pfanne erhitzen, Knoblauch, Ingwer und Chilischote darin bei mittlerer Hitze anbraten. Der Knoblauch darf aber nicht zu dunkel werden, sonst schmeckt er bitter.

Die Nudeln in ein Sieb abgießen, dabei das Nudelkochwasser auffangen. Nudeln tropfnass in die Pfanne geben und gut mit der Knoblauch-Ingwer-Öl-Mischung vermengen. Das restliche Koriandergrün unterheben. Falls die Nudeln zu trocken sind, noch etwas Nudelkochwasser dazugeben.

Pasta mit Salz würzen, auf zwei Pastateller verteilen und mit der Brot-Parmesan-Mischung bestreut servieren.

ORIENTALISCHES AUBERGINENPÜREE MIT RÖST-BLUMENKOHL UND TAHIN-SAUCE

ZUTATEN FÜR 2 PERSONEN:

1 Blumenkohl (ca. 1 kg) ✚
2 Auberginen (ca. 500 g)
2 Knoblauchzehen (in feinen Würfeln) ✚
4 EL Olivenöl ✚
Salz
½ TL Harissa (nordafrikanische Gewürzpaste)
2 EL Walnusskerne (gehackt)
1 TL Korianderkörner
1 getrocknete Chilischote
4 EL Tahin (Sesampaste)
4 EL Naturjoghurt
2 Stiele Minze (fein gehackt)
Pfeffer aus der Mühle
1 TL Zatar (orientalische Gewürzmischung)

Nährwerte pro Portion:
ca. 555 kcal, 21 g EW, 40 g F, 21 g KH

Zubereitungszeit: ca. 30 Min.
Garzeit: ca. 30 Min.

ZUBEREITUNG:

Den Backofen auf 200 °C vorheizen. Den Blumenkohl putzen, waschen und in Röschen teilen. Die Auberginen putzen, waschen, längs halbieren und die Schnittflächen mit einem spitzen Messer rautenförmig einschneiden.

Den Knoblauch mit Olivenöl und Salz verrühren. Die Schnittflächen der Auberginen mit etwas Knoblauchöl bestreichen. Harissa unter das restliche Knoblauchöl rühren und Blumenkohlröschen darin wenden, sodass sie rundum mit Gewürzöl benetzt sind. Die Auberginenhälften mit den Schnittflächen nach oben auf ein Backblech legen, daneben die Blumenkohlröschen verteilen. Das Gemüse auf der mittleren Schiene im Ofen etwa 30 Minuten backen, bis das Gemüse weich ist.

Nüsse in einer Pfanne ohne Fett anrösten. Koriander und Chili im Mörser zerstoßen. Tahin, 2 EL Joghurt, 2 EL Wasser, Salz und Pfeffer in einer Schüssel verrühren.

Die Auberginenhälften aus dem Ofen holen und etwas abkühlen lassen. Blumenkohl im ausgeschalteten Ofen warm halten. Auberginenfruchtfleisch aus der Schale lösen, in einem hohen Rührbecher mit restlichem Joghurt pürieren. Koriander, Chili und Minze unterrühren und das Püree mit Salz und Pfeffer abschmecken.

Blumenkohl und Auberginenpüree auf Tellern anrichten, mit der Tahin-Sauce beträufeln und mit Nüssen und Zatar bestreuen. Dazu passt geröstetes Fladenbrot.

KARTOFFELSPÄTZLE-BROKKOLI-PFANNE

ZUTATEN FÜR 2 PERSONEN:

150 g vorwiegend festkochende Kartoffeln +
Salz
100 g Mehl
1 Ei (Größe M)
4 Stiele Petersilie
2 Frühlingszwiebeln +
400 g Brokkoli +
100 g Raclettekäse
1 EL Rapsöl +
50 g Sahne
Pfeffer aus der Mühle

Nährwerte pro Portion:
ca. 600 kcal, 30 g EW, 29 g F, 56 g KH

Zubereitungszeit: ca. 30 Min.
Garzeit: ca. 30 Min.

ZUBEREITUNG:

Kartoffeln waschen und in Salzwasser bei mittlerer Hitze zugedeckt 25 bis 30 Minuten garen. Dann abgießen, etwas ausdampfen lassen, möglichst heiß pellen und durch die Kartoffelpresse in eine Rührschüssel drücken.

Mehl, Ei, 50 ml Wasser und ½ TL Salz dazugeben und alles mit einem Kochlöffel zu einem glatten, zähflüssigen Teig verschlagen, der Blasen wirft. Den Teig 10 Minuten ruhen lassen.

Petersilie waschen und trocken schütteln, die Blätter abzupfen und fein hacken. Frühlingszwiebeln putzen, waschen und in dünne Ringe schneiden. Brokkoli putzen und waschen, in Röschen teilen und in kochendem Salzwasser 5 Minuten blanchieren. Abgießen, dabei das Kochwasser auffangen. Käse in kleine Würfel schneiden.

In einem Topf reichlich Salzwasser aufkochen und den Teig mit dem Spätzlehobel ins Wasser schaben. Wenn die Spätzle nach oben steigen, sind sie gar. Mit einem Schaumlöffel aus dem Topf in eine Schüssel heben.

In einer Pfanne das Öl erhitzen und weiße Frühlingszwiebelringe darin andünsten. Brokkoli dazugeben und 2 Minuten mitdünsten. 100 ml Brokkolikochwasser und Sahne dazugeben, aufkochen und Käse darin bei mittlerer Hitze schmelzen lassen. Spätzle untermischen und alles sämig einköcheln lassen. Spätzlepfanne mit Salz und Pfeffer würzen, mit Petersilie und grünen Frühlingszwiebelringen bestreuen.

SÜSSES UND DESSERTS

Ihrer Gesundheit zuliebe verkneifen Sie sich Nachspeisen und Gebäck? Damit können Sie nun guten Gewissens aufhören. Die Rezepte in diesem Kapitel beweisen: Gesund naschen geht! Lassen Sie sich verführen von samtigen Cremedesserts, erfrischenden Naschereien und knusprigem Backwerk.

BUTTERMILCH-PANNA-COTTA MIT ZITRONEN-HONIG-SPIEGEL

ZUTATEN FÜR 2 GLÄSER (À 170 ML):

½ große Bio-Zitrone ✚
100 g Sahne
4 EL Honig ✚
1 ¼ Blatt Gelatine
150 g Buttermilch

Nährwerte pro Portion:
ca. 250 kcal, 4 g EW, 16 g F, 35 g KH

Zubereitungszeit: ca. 20 Min.
Kühlzeit: ca. 6 Std.

ZUBEREITUNG:

Die Zitrone heiß waschen, trocken reiben, die Schale fein abreiben und den Saft auspressen. 3 EL Saft abmessen.

Sahne, die Hälfte der Zitronenschale und 2 EL Honig in einem Topf zum Kochen bringen und bei schwacher Hitze 8 Minuten köcheln lassen. Dabei immer wieder mal umrühren.

Inzwischen in einer kleinen Schale 1 Blatt Gelatine in kaltem Wasser etwa 10 Minuten einweichen.

Die Sahnemischung vom Herd nehmen und die Buttermilch dazugeben. Das Gelatineblatt mit den Händen gut ausdrücken, in die lauwarme Sahne-Buttermilch-Mischung geben und unter Rühren darin auflösen. Die Sahnemischung auf zwei Gläser verteilen und 4 Stunden kühl stellen.

Wenn die Panna cotta fest geworden ist, die restliche Gelatine in kaltem Wasser etwa 5 Minuten einweichen. Zitronensaft, restliche Zitronenschale und übrigen Honig in einem kleinen Topf erwärmen. Gelatine ausdrücken und im Zitronensaft auflösen.

Die Zitronen-Honig-Mischung auf der Panna cotta verteilen und nochmals 2 Stunden kühl stellen, bis der Zitronenspiegel geliert ist. Die Panna cotta als sommerlich-erfrischendes Dessert servieren.

KURKUMA-LATTE-EIS MIT MANGO

ZUTATEN FÜR 6 PERSONEN:

6 Eigelb
100 g Zucker
Salz
1 Vanilleschote
2 Kardamomkapseln
300 ml Milch
300 g Sahne
Pfeffer aus der Mühle
2 TL gemahlene Kurkuma ✚
½ TL Zimtpulver
1 Mango

Nährwerte pro Portion:
ca. 210 kcal, 7 g EW, 10 g F, 30 g KH

Zubereitungszeit: ca. 35 Min.
Kühlzeit: ca. 12 Std.
Tiefkühlzeit: 1 bis 2 Std.

ZUBEREITUNG:

Am Vortag die Eigelbe, den Zucker und 1 Prise Salz in einer Rührschüssel mit den Quirlen des Handrührgeräts oder in der Küchenmaschine dickcremig schlagen.

Die Vanilleschote längs aufschneiden und das Mark herauskratzen. Kardamom im Mörser andrücken. Vanillemark und -schote, Kardamomkapseln samt Samen, Milch, Sahne, 1 Prise Pfeffer, Kurkuma und Zimt in einen Topf geben und aufkochen. Die Milchmischung durch ein Sieb zur Eigelbcreme gießen und unterrühren.

Die Eigelb-Sahne-Mischung zurück in den Topf geben und unter ständigem Rühren bei schwacher Hitze erwärmen, bis sie leicht andickt – sie darf auf gar keinen Fall kochen! Die Creme in eine Schüssel geben, auskühlen lassen und zugedeckt über Nacht kühl stellen.

Am nächsten Tag die Kurkuma-Latte-Creme in der Eismaschine nach Herstellerangaben tiefkühlen und vor dem Servieren noch mindestens 1 bis 2 Stunden ins Tiefkühlfach stellen.

Die Mango schälen, das Fruchtfleisch an den flachen Seiten vom Stein und in kleine Würfel schneiden.

Die Mango auf sechs Dessertschalen verteilen und das Eis mit einem Eisportionierer in Nocken daraufsetzen.

APFEL-BROMBEER-CRUMBLE MIT HONIGJOGHURT

ZUTATEN FÜR 2 PERSONEN:

30 g Zucker
40 g Dinkelmehl (Type 630)
20 g zarte Haferflocken ✚
1 EL gehackte Mandeln
2–3 EL geschmacksneutrales Rapsöl ✚
200 g Äpfel
150 g Brombeeren
2 EL Zitronensaft ✚
50 g griechischer Joghurt
1 EL flüssiger Honig ✚

Nährwerte pro Portion:
ca. 465 kcal, 8 g EW, 22 g F, 63 g KH

Zubereitungszeit: ca. 15 Min.
Backzeit: ca. 45 Min.

ZUBEREITUNG:

Den Backofen auf 180 °C vorheizen. 10 g Zucker, Mehl, Haferflocken, Mandeln und 2 EL Öl in eine Rührschüssel geben und mit den Händen zu Streuseln verkneten. Wenn diese zu trocken sind, noch etwas Öl dazugeben. Die Streusel kühl stellen.

Die Äpfel schälen, vierteln, entkernen und quer in dünne Scheiben schneiden. Die Brombeeren verlesen, waschen und trocken tupfen. Äpfel und Brombeeren, restlichen Zucker und Zitronensaft in einer Schüssel mischen.

Die Früchte in einer Auflaufform (etwa 16 × 16 cm) verteilen. Die Streusel über die Früchten streuen und den Crumble auf der zweiten Schiene von unten im Ofen etwa 45 Minuten backen.

Joghurt und Honig in einer Schale verrühren und zum Crumble servieren. Am besten schmeckt der Apfel-Brombeer-Crumble lauwarm.

Obst der Saison

Im Sommer können Sie die Äpfel und Brombeeren gegen Aprikosen tauschen. Außerdem schmecken auch Zwetschgen oder Birnen sehr lecker unter der Streuselhaube.

HAFER-SCHMARREN MIT ZWETSCHGENRÖSTER

ZUTATEN FÜR 2 PERSONEN:

FÜR DEN RÖSTER:

400 g Zwetschgen
50 g Zucker
1 Zimtstange
1 Sternanis
50 ml Rotwein

FÜR DEN SCHMARREN:

2 Eier
Salz
30 g Zucker
50 g Weizenmehl (Type 405)
30 g zarte Haferflocken ✚
150 ml Milch
4 EL kohlensäurehaltiges Mineralwasser
2 EL Butter
2 EL Puderzucker

Nährwerte pro Portion:
ca. 655 kcal, 16 g EW, 18 g F, 100 g KH

Zubereitungszeit: ca. 35 Min.

ZUBEREITUNG:

Für den Röster die Zwetschgen waschen, vierteln und entsteinen. Zwetschgen, Zucker, Zimtstange, Sternanis und Wein in einem Topf aufkochen, bei schwacher Hitze 5 Minuten köcheln lassen, vom Herd nehmen und auskühlen lassen.

Für den Schmarren die Eier trennen. Die Eiweiße und 1 Prise Salz mit den Quirlen des Handrührgeräts oder in der Küchenmaschine zu steifem Schnee schlagen.

Eigelbe, 1 Prise Salz und Zucker in einer Rührschüssel mit den Quirlen des Handrührgeräts oder in der Küchenmaschine dickcremig schlagen. Nach und nach Mehl, Haferflocken sowie die Milch unterrühren. Zum Schluss Mineralwasser und Eischnee vorsichtig unterheben.

In einer Pfanne 1½ EL Butter erhitzen, den Teig hineingeben und bei mittlerer Hitze etwa 5 Minuten braten, bis die Unterseite goldbraun ist. Mit einem Pfannenwender den Teig vierteln, wenden und weitere 3 bis 5 Minuten braten, bis der Teig vollständig durchgebraten und die andere Seite ebenfalls gebräunt ist.

Die Teigviertel mithilfe eines Pfannenwenders in Stücke stechen. Die restliche Butter zum Schmarren geben, 1½ EL Puderzucker darüberstäuben und karamellisieren.

Den Schmarren auf zwei Tellern anrichten und mit dem restlichen Puderzucker bestäuben. Den Zwetschgenröster dazu servieren.

ZITRONEN-QUARKCREME: GRUNDREZEPT

ZUTATEN FÜR 2 PERSONEN:

½ Bio-Zitrone ✚
250 g Magerquark
50 g Schmand
3 EL kohlsäurehaltiges Mineralwasser
2 EL flüssiger Honig oder Zucker ✚

Nährwerte pro Portion:
ca. 185 kcal, 16 g EW, 6 g F, 21 g KH

Zubereitungszeit: ca. 10 Min.

ZUBEREITUNG:

Die Zitrone heiß waschen, trocken reiben, die Schale fein abreiben und den Saft auspressen.

Quark, Schmand, Mineralwasser, Honig, Zitronensaft und -schale in einer Schüssel mit dem Schneebesen cremig aufschlagen, auf zwei Schalen verteilen und nach Belieben toppen (siehe unten, Seite 150).

HIMBEER-QUARKCREME MIT ZITRONEN-CANTUCCINI-KNUSPER

ZUTATEN FÜR 2 PERSONEN:

125 g Himbeeren
1 Grundrezept Quarkcreme (siehe oben) ✚
10 Cantuccini (ital. Mandelkekse; 50 g)
1 TL abgeriebene Bio-Zitronenschale ✚

Nährwerte pro Portion:
ca. 315 kcal, 20 g EW, 10 g F, 41 g KH

Zubereitungszeit: ca. 20 Min.

ZUBEREITUNG:

Die Himbeeren verlesen, waschen und trocken tupfen. Die Quarkcreme wie oben beschrieben zubereiten und zwei Drittel der Himbeeren unterheben.

Die Cantuccini mit einem schweren scharfen Messer hacken und in einer Schale mit der Zitronenschale mischen.

Die Hälfte der Quarkcreme, der restlichen Himbeeren und der Cantuccini-Mischung in der angegebenen Reihenfolge in zwei Gläser (à etwa 300 ml) schichten. Vorgang nochmals wiederholen und das Dessert bis zum Servieren kühl stellen.

Grundrezept

QUARKCREME MIT MELONE

ZUTATEN FÜR 2 PERSONEN:

500 g Wassermelone
½ Bio-Limette
1 Stiel Minze
1 Grundrezept Quarkcreme (siehe Seite 148) ✚

Nährwerte pro Portion:
ca. 240 kcal, 17 g EW, 7 g F, 34 g KH

Zubereitungszeit: ca. 20 Min.
Marinierzeit: ca. 30 Min.

ZUBEREITUNG:

Die Melone schälen, falls nötig, entkernen und in Würfel schneiden. Die Limette heiß waschen, trocken reiben, die Schale fein abreiben und den Saft auspressen. Die Minze waschen und trocken schütteln, die Blätter abzupfen und in feine Streifen schneiden.

Alles in einer Schüssel mischen und mindestens 30 Minuten marinieren.

Die Quarkcreme wie im Grundrezept beschrieben zubereiten und auf zwei Dessertschalen verteilen. Die marinierte Melone auf der Quarkcreme anrichten.

QUARKCREME MIT BALSAMICO-ERDBEEREN

ZUTATEN FÜR 2 PERSONEN:

200 g Erdbeeren
2 EL Aceto balsamico
2 TL flüssiger Honig ✚
1 Grundrezept Quarkcreme (siehe Seite 148) ✚
4 Basilikumblätter

Nährwerte pro Portion:
ca.245 kcal, 17 g EW, 7 g F, 34 g KH

Zubereitungszeit: ca. 15 Min.
Marinierzeit: ca. 30 Min.

ZUBEREITUNG:

Die Erdbeeren waschen, putzen und vierteln. Essig und Honig in einer Schüssel glatt verrühren, die Erdbeeren untermischen und mindestens 30 Minuten marinieren.

Die Quarkcreme wie im Grundrezept beschrieben zubereiten und auf zwei Dessertschalen verteilen. Basilikum waschen, trocken tupfen und in feine Streifen schneiden.

Die marinierten Erdbeeren auf der Quarkcreme verteilen und mit dem Basilikum garnieren.

Mit
Grundrezept
Zitronen-
Quarkcreme

KARTOFFEL-MANDEL-CUPCAKES MIT ZITRONEN-FROSTING

ZUTATEN FÜR 12 STÜCK:

FÜR DIE MUFFINS:

150 g vorwiegend festkochende Kartoffeln ✚
2 Eier
75 g Zucker
125 ml geschmacksneutrales Rapsöl ✚
50 g Naturjoghurt
100 g gemahlene Mandeln
100 g Weizenmehl (Type 405)
50 g zarte Haferflocken ✚
2 TL Backpulver

FÜR DAS FROSTING:

150 g Sahne
150 g Frischkäse
3 EL Honig ✚
abgeriebene Schale von ½ Bio-Zitrone ✚

AUSSERDEM:

Papiermuffinförmchen
12er-Muffinform

Nährwerte pro Portion:
ca. 305 kcal, 6 g EW, 23 g F, 20 g KH

Zubereitungszeit: ca. 30 Min.
Backzeit: ca. 25 Min.

ZUBEREITUNG:

Für die Muffins den Backofen auf 180 °C vorheizen und die Papierförmchen in die Mulden der Muffinform setzen. Die Kartoffeln schälen, waschen und auf der Reibe fein raspeln.

Eier, Zucker, Öl und Joghurt in einer Schüssel mit einem Schneebesen verquirlen. Mandeln, Mehl, Haferflocken und Backpulver mischen und unter die Joghurt-Öl-Mischung rühren. Zum Schluss die Kartoffelraspel unterheben und den Teig auf die Muffinförmchen verteilen.

Die Muffins im Ofen auf der mittleren Schiene 20 bis 25 Minuten goldbraun backen. Aus dem Ofen holen, 5 Minuten in der Form ruhen lassen, dann aus der Form heben und auf einem Kuchengitter vollständig auskühlen lassen.

Für das Frosting die Sahne steif schlagen. Frischkäse, 2 EL Honig und zwei Drittel der Zitronenschale in einer Schüssel cremig rühren, dann die Sahne mit einem Teigschaber unterheben.

Das Frosting in einen Spritzbeutel mit einer Tülle mit großer Öffnung füllen und als spitz zulaufendes Häufchen auf die Muffins spritzen. Die Cupcakes mit dem restlichen Honig beträufeln und mit der restlichen Zitronenschale bestreuen.

ZITRONEN-INGWER-SIRUP: GRUNDREZEPT

ZUTATEN FÜR 1 FLASCHE (750 ML):

50 g Ingwer +
1 Bio-Zitrone +
250 g Zucker

Nährwerte pro Portion (50 ml):
ca. 70 kcal, 0 g EW, 0 g F, 17 g KH

Zubereitungszeit: ca. 15 Min.
Ziehzeit: ca. 3 Tage

ZUBEREITUNG:

Den Ingwer schälen und in Scheiben schneiden. Die Zitrone heiß waschen, trocken reiben, die Schale fein abreiben und die Zitrone halbieren. Von einer Hälfte den Saft auspressen, die andere Hälfte in Scheiben schneiden. Zucker und ½ l Wasser in einen Topf geben, aufkochen und so lange köcheln lassen, bis der Zucker sich vollständig aufgelöst hat.

Ingwer, Zitronenschale, -saft und -scheiben in einer Schüssel mit dem heißen Zuckerwasser übergießen und die Mischung 3 Tage zugedeckt stehen lassen, dabei immer wieder umrühren. Den Sirup durch ein feinmaschiges Sieb gießen und die Rückstände im Sieb ausdrücken. Den Sirup mithilfe eines Trichters in eine saubere Bügelverschluss- oder Schraubflasche füllen und den Sirup im Kühlschrank lagern. So hält er mindestens 2 Wochen.

ZITRONEN-INGWER-GRANITÉ

ZUTATEN FÜR 2 PERSONEN:

100 ml Grundrezept Zitronen-Ingwer-Sirup (siehe oben) +
eiskalter Prosecco (nach Belieben)

Nährwerte pro Portion:
ca. 70 kcal, 0 g EW, 0 g F, 17 g KH

Zubereitungszeit: ca. 5 Min.
Tiefkühlzeit: ca. 4 Std.

ZUBEREITUNG:

Sirup und 100 ml eiskaltes Wasser in einer Metallschale verrühren, ins Tiefkühlfach stellen und 3 bis 4 Stunden tiefkühlen.

Die Sirupmischung alle 30 Minuten mit einer Gabel kräftig durchrühren, damit ein feinkörniges Granité entsteht.

Wenn das Granité die richtige Konsistenz hat, dieses in zwei Sektschalen füllen und loslöffeln. Oder das Granité mit etwas Prosecco aufgießen und schlürfen.

Grundrezept
Granité

ZITRONEN-INGWER-LIMONADE

ZUTATEN FÜR 2 GLÄSER (À 300 ML):

2 Stiele Minze
100 ml Grundrezept Zitronen-Ingwer-Sirup (siehe Seite 154) ✚
8 Eiswürfel
300 ml kohlensäurehaltiges Mineralwasser

Nährwerte pro Glas:
ca. 70 kcal, 0 g EW, 0 g F, 17 g KH

Zubereitungszeit: ca. 5 Min.

ZUBEREITUNG:

Die Minze waschen und trocken tupfen. Minze und Sirup auf die Gläser verteilen und mit einem Stößel etwas anquetschen.

Die Eiswürfel dazugeben, die Sirup-Minze-Mischung mit dem Mineralwasser aufgießen und sofort servieren.

ZITRONEN-INGWER-DRESSING

ZUTATEN FÜR 2 PERSONEN:

1 EL Grundrezept Zitronen-Ingwer-Sirup (siehe Seite 154) ✚
1 EL Balsamico bianco
2 EL Olivenöl ✚
Salz • Pfeffer aus der Mühle

Nährwerte pro Portion:
ca. 95 kcal, 0 g EW, 9 g F, 3 g KH

Zubereitungszeit: ca. 5 Min.

ZUBEREITUNG:

Sirup und Essig in einer Tasse verrühren, dann das Olivenöl mit einer Gabel unterschlagen. Das Dressing mit Salz und Pfeffer würzen.

Auf Vorrat

Aus 2 EL Sirup, 1 EL Balsamico bianco und 2 EL Olivenöl wird ein Dressing für Obstsalate mit 300 bis 400 g Obst. Natürlich können Sie auch gleich eine größere Menge Dressing auf Vorrat mixen. So steht dem fixen Salatgenuss nichts im Wege.

Limonade
Dressing

DAS BESSERESSER-QUIZ

Achtung, Leistungskontrolle! Handy weg, Stift raus und gleich mal testen, wie aufmerksam Sie den Theorieteil dieses Buches gelesen haben. Welches Öl darf in die Pfanne und wo bewahren Sie Honig am besten auf?

1 Wie viele Mahlzeiten sollten Sie am Tag essen?

a . . . . 1 bis 2
b . . . . 2 bis 3
c . . . . 4 bis 5

2 Welcher dieser Risikofaktoren gehört nicht zum Metabolischen Syndrom?

a . . . . Bluthochdruck
b . . . . Erhöhte Blutfettwerte
c . . . . Schilddrüsenunterfunktion

3 Welchen Superstoff besitzt Hafer?

a . . . . Beta-Glucan
b . . . . Vitamin C
c . . . . Chlorid

4 Wie nennt man den essbaren Teil der Kurkumapflanze?

a . . . . Wurzel
b . . . . Knolle
c . . . . Rhizom

5 Welches Lebensmittel enthält gehärtete Fette?

a . . . . Olivenöl
b . . . . Fleisch
c . . . . Margarine

6 Wo steht in Zutatenlisten auf dem Etikett eines Lebensmittels die mengenmäßig am meisten enthaltene Zutat?

a . . . . An erster Stelle
b . . . . . . Sie wird überhaupt nicht gelistet
c . . . . Ganz am Ende

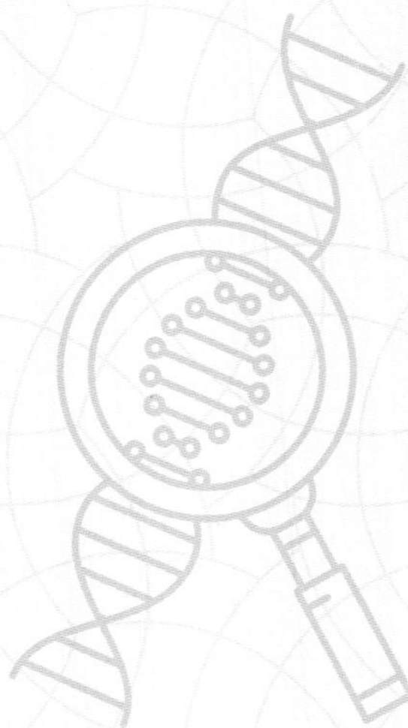

7 Was bezeichnet man auch als Bausteine des Lebens?

a . . . . Hormone
b . . . . . Aminosäuren
c . . . . Enzyme

Auflösung: nächste Seite →

8 Zu welcher Stoffgruppe gehören Flavonoide?

a . . . . Sekundäre Pflanzenstoffe
b . . . . Ballaststoffe
c . . . . Kohlenhydrate

9 Rein botanisch gehört die Avocado zu …?

a . . . . Gemüse
b . . . . Steinobst
c . . . . Beeren

10 In welchem Lebensmittel steckt resistente Stärke?

a . . . . In Zwiebeln
b . . . . In gekochten und
. . . . . erkalteten Nudeln
c . . . . In Brokkoli

11 Welches Hormon gilt als sogenanntes Sättigungshormon?

a . . . . Serotonin
b . . . . Leptin
c . . . . Ghrelin

12 Welches Lebensmittel soll nicht im Kühlschrank gelagert werden?

a . . . . Ingwer
b . . . . Rosenkohl
c . . . . Pflanzenöle

13 Welches Öl eignet sich zum Kochen?

a . . . . Walnussöl
b . . . . Leinöl
c . . . . Olivenöl

14 Welche sekundären Pflanzenstoffe sollen sogar stärker wirken als Schmerzmittel aus der Apotheke?

a . . . . Carotinoide
b . . . . Anthocyane
c . . . . Lignine

15 Welches chemische Element ist die Grundlage von Allicin?

a . . . . Eisen
b . . . . Jod
c . . . . Schwefel

ALLES RICHTIG?

Hier die Auflösung zum Quiz

1B

2 bis 3 Mahlzeiten reichen Ihrem Körper, um gut versorgt zu sein. In den Esspausen dazwischen wird kein Insulin ausgeschüttet, d.h. Ihre Bauchspeicheldrüse kann sich erholen, der Blutzuckerspiegel sich normalisieren und die Fettverbrennung kommt in Gang.

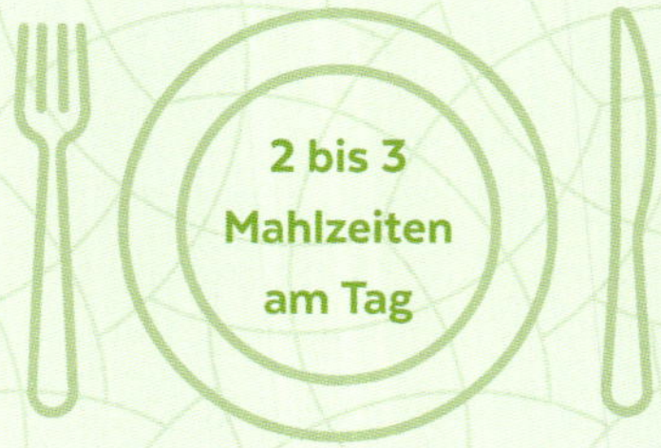

2C

Neben erhöhten Blutfettwerten und Bluthochdruck sind Übergewicht und zu hohe Blutzuckerwerte die Risikofaktoren des Metabolischen Syndroms.

3A

Der Ballaststoff Beta-Glucan im Hafer ist der Tausendsassa für mehr Gesundheit. Er reguliert den Blutzuckerspiegel, sorgt für eine gute Darmflora, senkt den Cholesterinspiegel und bringt die Verdauung in Schwung.

4C

Ein Rhizom ist eine meist unterirdisch wachsende Sprossachse, die keine Wurzeln hat. Auch Ingwer ist ein Rhizom.

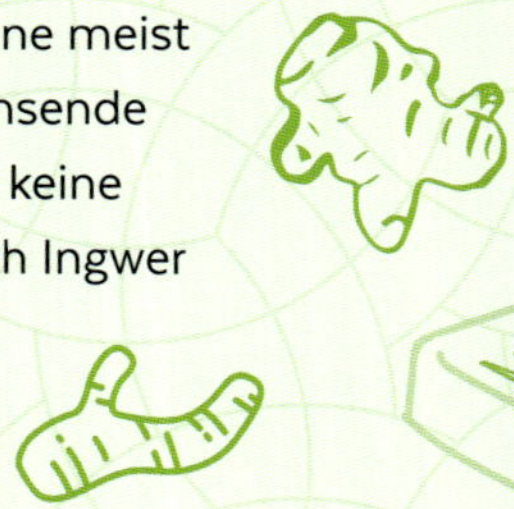

5C

Für Margarine werden Öle künstlich gehärtet. Im Olivenöl stecken viele ungesättigte Omega-3-Fettsäuren, im Fleisch eher gesättigte Fettsäuren.

6A

Die Zutaten, die in der Zutatenliste stehen, sind absteigend sortiert. Die Zutat, die den Hauptanteil bildet, steht an erster Stelle, die, die mengenmäßig am wenigsten enthalten ist, steht am Ende der Liste.

Zutaten: Tomaten, Sonnenblumenöl, Speisesalz, Knoblauch, Basilikum, Oregano, Citronensäure. Kann Spuren von Sellerie und Senf enthalten.

7B

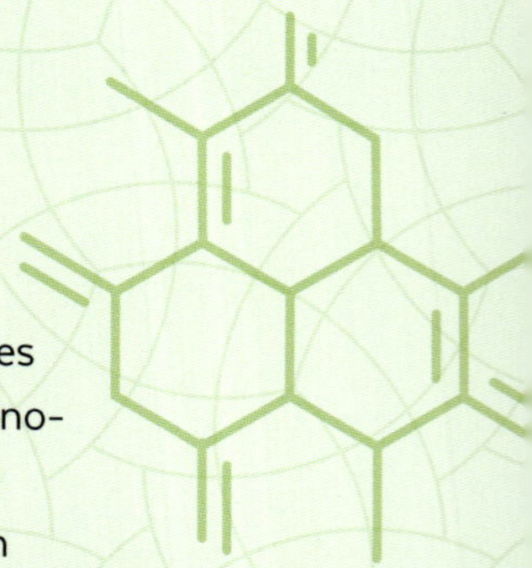

Ohne sie gäbe es uns nicht: Aminosäuren sind die Grundlage allen Lebens auf der Erde.

8A

Flavonoide sind u.a. Pflanzenfarbstoffe, deren Palette von gelb über orange bis hin zu blau reicht. Es gibt aber auch farblose Flavonoide, die Tiere davon abhalten, die Pflanze zu fressen oder diese vor UV-Stranlung schützen.

9C

Die Pflanze, an der die Avocado wächst, ist ein Lorbeergewächs und ihre Früchte zählen zu den Beeren.

10B

Beim Abkühlen der Nudeln verlagern sich Moleküle und dadurch kristallisiert ein Teil der Stärke aus. Als Ballaststoff gelangt sie dann bis in den Dickdarm und wird zum Futter für die Darmbakterien.

11B

Leptin.
Serotonin gilt als Glückshormon und Ghrelin ist das Hungerhormon.

12A

Das feuchte Klima im Kühlschrank lässt Ingwer rasch schimmeln.

13 C

„Natives Olivenöl extra“ verträgt Temperaturen bis 200 °C.

14B

Die Pflanzenfarbstoffe, die z. B. Beeren ihre rote bis blaue Farbe geben, haben stark schmerz- und entzündungshemmende Wirkung.

15C

Die Schwefelverbindung in Zwiebelgewächsen schützt Sie vor allem vor Herz-Kreislauf-Erkrankungen.

REZEPTREGISTER

L/M

O

P

Q/R

S

T/U

W/Z

REGISTER NACH TOP-LEBENSMITTELN

Hafer

Honig

Ingwer

Kartoffeln

Kohl

Kurkuma

Zitrone

Zwiebelgewächse

REGISTER NACH BENEFIT

Entzündungshemmend

Stärkt das Immunsystem

Blutzuckerfreundlich

Gut für Magen und Darm

Herzgesund

Verdauungsfördernd

© 2021 ZS Verlag GmbH
Kaiserstraße 14 b, D-80801 München

ISBN 978-3-96584-108-6
1. Auflage 2021

Projektleitung: Ines Alms
Rezepte und Texte: Cora Wetzstein
Lektorat: Eva-Maria Hege
Grafisches Konzept: ZERO Werbeagentur, München
Grafische Gestaltung und Satz: Irene Schulz
Fotografie: Andrea Kramp & Bernd Gölling
Foodstyling: Hermann Rottmann
Illustrationen: Irene Schulz, shutterstock
Herstellung: Frank Jansen
Producing: Jan Russok
Druck und Bindung: optimal media GmbH, Röbel

Kurze Wege schonen die Umwelt
Dieses Buch wurde in Deutschland gedruckt

Im Buch enthaltene Rezeptfotos können zur eigenen Nutzung erworben werden unter www.stockfood.com

Die ZS Verlag GmbH ist ein Unternehmen der Edel SE & Co. KGaA, Hamburg.
www.zsverlag.de | www.facebook.com/zsverlag

Bildnachweis
Coco Lang: S. 6 o., 7 m., 8 o., 9 m., 12
Mathias Neubauer: S. 40, 62, 63 o., 96, 97
Martin Nink: S. 9 o.
Monika Schürle, Maria Grossmann: S. 7 u.
shutterstock: S. 7 o., 41, 63 u., 8 u., 9 u., 10, 11
Claudia Timmann: S. 6 u.

Hinweis
Die Ratschläge in diesem Buch wurden mit größter Sorgfalt von Autorin und Verlag erarbeitet und geprüft. Eine Garantie kann jedoch nicht übernommen werden. Ebenso ist eine Haftung der Autoren bzw. des Verlags und seiner Beauftragten für Personen-, Sach- oder Vermögensschäden ausgeschlossen. Erkrankungen mit ernstem Hintergrund gehören in ärztliche Behandlung! Bei bereits bestehenden Beschwerden kann das Buch daher keinen fachärztlichen Rat ersetzen.

Was uns wichtig ist

Wir sind der Meinung, dass Fisch und Fleisch in Maßen grundsätzlich wertvolle Lebensmittel sein können. Aber leider wird der überwiegende Anteil an Fisch und Fleisch heute nicht nachhaltig produziert. Wir empfehlen daher, beim Kauf auf Bio-Qualität und Umweltsiegel zu achten. Außerdem sollte man Fisch und Fleisch nur an höchstens zwei Tagen in der Woche essen. In diesem Buch finden Sie eine Menge leckerer, vegetarischer Rezepte!

Bleiben Sie gesund!

Die Ernährungs-Docs
Supergesund mit Superfoods

19,99 € [D]
ISBN 978-3-89883-884-9

Die Ernährungs-Docs
Zuckerfrei gesünder leben

19,99 € [D]
ISBN 978-3-96584-003-4

Gleich weiterkochen!

Jetzt überall, wo es gute Bücher gibt.